Италианска Кухня 2023

Вкусът на Италия във вашето кухненско пространство

Luca Rossi

СЪДЪРЖАНИЕ

Пълнено пиле в Ragù 9

Печено варено пиле 12

пиле под тухла 15

Пилешка салата с лимон 17

Пилешка салата с две чушки 20

Пилешка салата в стил Пиемонт 23

Рулирани пълнени пуешки гърди 26

поширано пуешко месо 28

Пуешки рулца в доматен сос от червено вино 31

Патешки гърди със сладко-кисели смокини 34

Печена патица с подправки 37

Пъдпъдъци на тиган с манари 40

пъдпъдъци на скара 43

Пъдпъдъци с домати и розмарин 45

задушени пъдпъдъци 47

Стек на скара по флорентински 50

Пържола с балсамова глазура 52

Филе от раковина с шалот, бекон и червено вино 54

Резана пържола с рукола 56

Филе пържоли с горгонзола 58

Пълнени месни рулца в доматен сос 60

телешко и бира 63

Яхния с телешко и лук 65

Телешка яхния с пипер 68

Телешка яхния по Фриули 70

Гювеч от смесено месо по ловджийски 72

Говеждо задушено 75

Яхния от волска опашка по римски 78

Задушено телешко бутче 81

Патладжан, пълнен с месо 84

Неаполитански кюфтета 87

Кюфтета с кедрови ядки и стафиди 89

Кюфтета със зеле и домати 92

Кюфтета по Болоня 95

кюфтета в марсала 98

Кюфте, в стил Стар Неапол 100

Печена тенджера с червено вино 102

Печено в гърне с лучен сос и паста 104

Сицилианско пълнено телешко руло 107

Печено филе с маслинен сос 111

Смесени варени меса 113

Мариновани свински пържоли на скара 117

Ребра, стил Фриули 119

Ребра с доматен сос 121

Ребра с подправки, по тоскански 123

Ребра и боб 125

Пикантни свински пържоли с кисели чушки 128

Свински пържоли с розмарин и ябълки 130

Свински пържоли с гъбен и доматен сос 132

Свински пържоли с манатарки и червено вино 134

Свински пържоли със зеле 136

Свински пържоли с копър и бяло вино 138

Свински пържоли на пица 140

Свински пържоли по Молизе 142

Балсамово глазирано свинско филе с рукола и пармезано 144

Свинско филе с билки 147

Свинско филе по калабрийски с мед и чили 149

Печено свинско с картофи и розмарин 152

Свинско филе с лимон 154

Свинско каре с ябълки и грапа 157

Свинско печено с лешници и сметана 159

тосканско свинско филе 162

Печена свинска плешка с копър 164

Печено прасенце 167

Печено свинско филе без подправки 171

Свинска плешка в мляко на скара 174

Задушена свинска плешка с грозде 176

Свинска плешка с бира 179

Агнешки котлети в бяло вино.. 181

Агнешки котлети с каперси, лимон и градински чай..................................... 183

хрупкави агнешки котлети 185

Агнешки котлети с артишок и маслини 187

Агнешки котлети с доматен сос, каперси и аншоа 189

Агнешки котлети "изгарят пръстите" 191

Агнешко на скара по базиликата 193

Агнешки шишчета на скара 195

Агнешка яхния с розмарин, мента и бяло вино 197

Агнешка яхния от Умбрия с пюре от нахут 200

агнешко по ловец 203

Яхния с агнешко, картофи и домати 206

Яхния от агнешко и чушки 208

Агнешка запеканка с яйца 210

Агнешко или яре с картофи по сицилиански 213

Гювеч от агнешко и картофи по апулски 216

Агнешко бутче с нахут 219

Пълнено пиле в Ragù

Пиле Ripieno al Ragù

Прави 6 порции

Баба ми правеше пиле по този начин за празници и специални поводи. Плънката не само овкусява пилето отвътре, но всяка плънка, която се разлее в соса, му придава допълнителен вкус.

Щедро количество сос ще заобиколи пилето. Можете да го отделите, за да сервирате с паста за друго хранене.

8 унции спанак, нарязан

8 унции смляно говеждо месо

1 голямо яйце, разбито

¼ чаша сухи галета

¹1/4 чаша прясно настърган Пекорино Романо

Сол и прясно смлян черен пипер

1 пиле (3 1/2 до 4 паунда)

2 супени лъжици зехтин

1 среден лук, нарязан

1/2 чаша сухо бяло вино

1 (28-унция) консерва белени домати, прекарани през мелница за храна

1 дафинов лист

1. Сложете спанака в голяма тенджера на среден огън с 1/4 чаша вода. Покрийте и гответе 2 до 3 минути или докато омекнат и омекнат. Отцедете и охладете. Увийте спанака в кърпа без мъх и изстискайте колкото е възможно повече вода. Спанакът се нарязва на ситно.

2. В голяма купа смесете нарязан спанак, говеждо месо, яйце, галета, сирене и сол и черен пипер на вкус. Смесете добре.

3. Изплакнете пилето и го подсушете. Поръсете отвътре и отвън със сол и черен пипер. Напълнете хлабаво кухината на пилето с пълнеж.

4. В голяма тежка тенджера загрейте олиото на среден огън. Добавете пилешките гърди надолу. Гответе 10 минути или докато покафенеят. Обърнете пилешките гърди нагоре. Разпръснете лука около пилето и го запечете още около 10 минути. Разпределете останалата плънка около пилето.

Добавете виното и оставете да къкри 1 минута. Сложете доматите, дафиновия лист и сол и черен пипер на вкус върху пилето. Намалете котлона и частично покрийте съда. Гответе 30 минути.

5. Внимателно обърнете пилето. Гответе частично покрито още 30 минути. Ако сосът е твърде рядък, открийте тигана. Гответе още 15 минути или докато пилешкото месо се отдели от костта при тестване с вилица.

6. Извадете пилето от соса. Нарежете пилето и го поставете в чиния. Обезмаслете мазнината от соса с голяма лъжица или сепаратор за мазнини. Пилето се залива с малко от соса и се сервира горещо.

Печено варено пиле

Пиле Bollito Arrosto

Прави 4 порции

Леона Анкона Кантоне, приятелка от гимназията, ми каза, че майка й, чието семейство е от Абруцо, е правила нещо подобно преди много години. Предполагам, че рецептата е възникнала като начин да извлечете максимума от пилето, защото осигурява толкова бульон, колкото и печеното месо. Методът на варене и печене я прави много нежна птица.

1 пиле (3 1/2 до 4 паунда)

1 морков

1 ребро целина

1 обелена глава лук

4 или 5 стръка магданоз

Сол

2/3 чаша галета

1/3 чаша прясно настъргано Пармиджано-Реджано

¹1/2 чаена лъжичка сух риган, натрошен

2 до 3 супени лъжици зехтин

2 супени лъжици лимонов сок

прясно смлян черен пипер

1. Пъхнете върховете на крилете зад гърба. Поставете пилето в голяма тенджера и добавете студена вода, за да покрие. Оставете течността да заври и гответе 10 минути. Отстранете пяната с голяма лъжица.

2. Добавете моркова, целината, лука, магданоза и сол на вкус. Гответе на средно слаб огън, докато пилето омекне като вилица в най-дебелата част на бедрото и соковете се избистрят, около 45 минути. Извадете пилето от тенджерата. (Можете да добавите още съставки, като месо или пилешки изрезки, към бульона и да го сварите още около 60 минути. Прецедете и охладете бульона или го замразете за супи или други цели.)

3. Поставете решетка в центъра на фурната. Загрейте фурната до 450 ° F. Намаслете голям лист за печене.

4. В чиния смесете заедно галетата, сиренето, ригана, зехтина, лимоновия сок и сол и черен пипер на вкус.

5. С помощта на тежки кухненски ножици нарежете пилето на парчета за сервиране. Потопете пилето в трохи, потупвайте, за да полепне. Поставете пилето в подготвената тава за печене.

6. Печете 30 минути или докато дъното стане златисто и хрупкаво. Сервирайте горещ или със стайна температура.

пиле под тухла

пиле al mattone

Прави 2 порции

Нацепено и сплескано пиле, приготвено под тежест, е хрупкаво отвън и сочно отвътре. В Тоскана можете да си купите специален тежък теракотен диск, който сплесква пилето и го държи равномерно към повърхността на тигана. Използвам тежък чугунен тиган, покрит отвън с алуминиево фолио, за тегло, но обикновените тухли, увити в алуминиево фолио, също ще работят добре. Важно е да използвате много малко пиле или дори корнуолска кокошка с тази рецепта; в противен случай външността ще изсъхне, преди месото близо до костта да бъде сготвено.

1 малко пиле (около 3 паунда)

Сол и прясно смлян черен пипер

⅓ чаша зехтин

1 лимон, нарязан на резени

1. Подсушете пилето. С помощта на голям готварски нож или ножица за домашни птици разделете пилето по гръбнака.

Върху дъска за рязане отворете пилето като книга. Отрежете костта на кила, която разделя гърдите. Отстранете върховете на крилата и втората част на крилата при кокалчето. Сплескайте пилето, като го почукате леко с гумен чук или друг тежък предмет. Поръсете обилно от двете страни със сол и черен пипер.

2. Изберете тиган, който ще побере сплесканото пиле и тежестта. Изберете втори тиган или тежък тиган, който може да притисне пилето равномерно. Постелете дъното с фолио, прегънете краищата на фолиото върху вътрешността на тигана, за да го закрепите. Ако е необходимо за тегло, напълнете покритата с фолио тава с тухли.

3. Изсипете олиото в тигана и го загрейте на среден огън. Добавете пилешкото с кожата надолу. Поставете тежестта отгоре. Гответе, докато кожата стане златистокафява, 12 до 15 минути.

4. Плъзнете тънка шпатула под пилето, за да го отделите от тигана. Внимателно обърнете пилето с кожата нагоре. Сменете тежестта и гответе пилето, докато сокът потече, когато бедрото е пробито, още около 12 минути. Сервирайте горещ с резени лимон.

Пилешка салата с лимон

Salata di Pollo al Limone

Прави 6 порции

Един много горещ летен ден, когато бях в Бордигера, в Лигурия, близо до френската граница, спрях в кафене, за да обядвам и да се измъкна от слънцето. Сервитьорът препоръча тази прясно приготвена пилешка салата, която ми напомни за салатата нисоаз, която ядох няколко дни по-рано във Франция. Консервирана риба тон е типична за Ница, но тази италианска версия с пиле също е добра.

Това е бърза пилешка салата, затова използвам пилешки гърди, но може да се направи и с месо от цели пилета. Пилето може да се сготви предварително и да се маринова в дресинга, но зеленчуците стават по-вкусни, ако не се съхраняват в хладилник след готвене. Можете да ги държите на стайна температура за около час, докато сте готови за сглобяване на салатата.

4 домашни чашиПилешка супа, или купена от магазина смес от бульон и вода

4 до 6 малки восъчни картофа, като Yukon Gold

8 унции зелен фасул, нарязан на 1-инчови парчета

Сол

2 паунда пилешки гърди без кости и кожа, почистени от мазнина

Превръзка

1/2 чаша екстра върджин зехтин

2 супени лъжици пресен лимонов сок или на вкус

1 супена лъжица каперси, изплакнати, отцедени и нарязани

1/2 чаена лъжичка сух риган, натрошен

Сол и прясно смлян черен пипер

2 средни домата, нарязани на кръгчета

1. Пригответе бульона, ако е необходимо. Поставете картофите в тенджера. Добавете студена вода, за да покрие. Покрийте съда и оставете водата да заври. Гответе, докато омекне, когато се прободе с нож, около 20 минути. Отцедете картофите и оставете леко да се охладят. Обелете корите.

2. Оставете средна тенджера с вода да заври. Добавете зеления фасул и сол на вкус. Гответе, докато бобът омекне,

около 10 минути. Отцедете боба и го охладете под течаща вода. Подсушете боба.

3. В голяма тенджера оставете бульона да заври (ако не е прясно приготвен). Добавете пилешките гърди и покрийте съда. Гответе, като обърнете пилето веднъж, 15 минути или докато омекне и пилешките сокове потекат, когато се пробият с вилица. Отцедете пилешките гърди, като запазите бульона за друга употреба. Нарежете пилето на напречни филийки и го поставете в средно голяма купа.

4. В малка купа смесете съставките за дресинга. Изсипете половината от дресинга върху пилето. Разбъркайте добре парчетата, за да ги покриете. Опитайте и коригирайте подправките. Поставете пилето в центъра на голяма чиния. Покрийте и охладете до 2 часа.

5. Подредете зеления фасул, картофите и доматите около пилето. Полейте с останалия дресинг и сервирайте веднага.

Пилешка салата с две чушки

Пилешка салата с пеперони

Прави 8 до 10 порции

Интерес към тази салата придават както печени чушки, така и кисели люти череши. Ако черешовите люти чушки не са налични, заменете ги с други кисели люти чушки, като халапеньо или пеперончино. Печените чушки в буркан са удобни, ако нямате време да си ги опечете. Тази рецепта прави много пиле, така че е страхотна за парти. Ако предпочитате, рецептата може лесно да се разполови.

2 малки пилета (около 3 паунда всяко)

2 моркова

2 ребра целина

1 глава лук

няколко стръка магданоз

Сол

6 зърна черен пипер

6 червена или жълта камбана<u>печени чушки</u>, обелени и нарязани на тънки ивици

Потапяне

1/2 чаша зехтин

3 супени лъжици винен оцет

1/4 чаша нарязан пресен магданоз

2 супени лъжици ситно нарязани маринована череши или на вкус

1 скилидка чесън наситнена

4 до 6 чаши смесена маруля

1. Поставете пилетата в голяма тенджера и добавете студена вода, за да ги покриете. Оставете течността да заври и гответе 10 минути. С лъжица обелете и изхвърлете пяната, която се издига отгоре.

2. Добавете моркова, целината, лука, магданоза и сол на вкус. Гответе на средно слаб огън, докато пилето омекне и соковете потекат, около 45 минути.

3. Междувременно изпечете чушките, ако е необходимо. Когато пилето се свари го извадете от тенджерата. Запазете бульона за друга употреба.

4. Оставете пилешкото да се отцеди и охлади. Извадете месото. Нарежете месото на 2-инчови парчета и поставете в купа с печените чушки.

5. В средно голяма купа смесете съставките на соса. Полейте половината от соса върху пилето и чушките и разбъркайте добре. Покрийте и охладете в хладилника до 2 часа.

6. Точно преди сервиране, намажете пилето с останалия сос. Опитайте и коригирайте подправките, като добавите още оцет, ако е необходимо. Подредете зеленчуците в чиния за сервиране. Отгоре се нареждат пилето и чушките. Сервирайте веднага.

Пилешка салата в стил Пиемонт

Инсалата с пиле по Пиемонт

Прави 6 порции

В района на Пиемонт ястията в ресторанта често започват с дълга поредица от антипасти. Така опитах тази салата за първи път в Белведере, класически ресторант в региона. Обичам да го сервирам като основно ястие за обяд през пролетта или лятото.

За бързо хранене направете тази салата с пиле на грил, купено от магазина, вместо с поширано пиле. Печената пуйка също би била добра.

1 пиле (3 1/2 до 4 паунда)

2 моркова

2 ребра целина

1 глава лук

няколко стръка магданоз

Сол

6 зърна черен пипер

8 унции бели гъби, нарязани на тънко

2 ребра целина, тънко нарязани

1/4 чаша зехтин

1 (2-унция) консерва филета от аншоа, отцедени и нарязани

1 чаена лъжичка дижонска горчица

2 супени лъжици прясно изцеден лимонов сок

Сол и прясно смлян черен пипер

Около 6 чаши зелена салата, нарязани на малки парчета

Малко парче Пармиджано-Реджано

1. Поставете пилето в голяма тенджера и добавете студена вода, за да покрие. Оставете течността да заври и гответе 10 минути. С помощта на голяма лъжица отстранете пяната, която се издига отгоре.

2. Добавете моркови, целина, лук, магданоз и сол на вкус. Гответе на средно слаб огън, докато пилето омекне и соковете потекат, около 45 минути. Извадете пилето от тенджерата. Запазете бульона за друга употреба.

3. Оставете пилето да се отцеди и леко да се охлади. Отстранете месото от кожата и костите. Нарежете месото на 2-инчови парчета.

4. В голяма купа смесете парчетата пиле, гъбите и тънко нарязаната целина.

5. В средна купа разбийте заедно олиото, аншоата, горчицата, лимоновия сок и сол и черен пипер на вкус. Смесете пилешката смес с дресинга. Разпределете зелената салата в чиния и отгоре намажете с пилешката смес.

6. С помощта на белачка за зеленчуци с въртящо се острие настържете пармезано-реджано върху салатата. Сервирайте веднага.

Рулирани пълнени пуешки гърди

Ролата ди Такино

Прави 6 порции

Половинките пуешки гърди се намират лесно в повечето супермаркети. В това ястие от Емилия-Романя, след като пуешките гърди са обезкостени и сплескани, месото се навива на руло и се пече с кожата, покрита, за да остане влажна. Сервирайте печеното горещо или студено. Също така е добър сандвич, сервиран с лимонова майонеза.

½ пуешки гърди (около 2 1/2 паунда)

1 скилидка чесън наситнена

1 супена лъжица нарязан пресен розмарин

Сол и прясно смлян черен пипер

2 унции вносно италианско прошуто, тънко нарязано

2 супени лъжици зехтин

1. Поставете решетка в центъра на фурната. Загрейте фурната до 350 ° F. Намаслете малък лист за бисквитки.

2. С остър нож отстранете кожата от пуйката на едно парче. Оставете го настрана. Отрежете пуешките гърди от костите. Поставете гърдите без кости нагоре върху дъска за рязане. Започвайки от едната дълга страна, разрежете пуешките гърди наполовина по дължина, като спрете малко по-малко от другата дълга страна. Отворете пуешките гърди като книга. Сплескайте пуйката с чук за месо до дебелина около 1/2 инча.

3. Поръсете пуйката с чесън, розмарин и сол и черен пипер на вкус. Отгоре се поставя прошутото. Започвайки от едната дълга страна, навийте месото на цилиндър. Поставете пуешката кожа върху рулото. Завържете рулото с кухненски канап на интервали от 2 инча. Поставете рулото с шева надолу в подготвената тава. Полейте с олиото и поръсете със сол и черен пипер.

4. Печете пуйката за 50 до 60 минути или докато вътрешната температура на месото стане 155°F на термометър с незабавно отчитане. Оставете да почине 15 минути преди разрязване. Сервирайте горещ или със стайна температура.

поширано пуешко месо

Polpettone di Tacchino

Прави 6 порции

В Италия пуйката често се нарязва на парчета или смила, вместо да се пече цяла. Този пиемонтски хляб е поширан, което му придава по-подобна на пастет текстура.

Този хляб е горещ или студен. Сервирайте с<u>Зелен сос</u>*, или пресен доматен сос.*

4 до 5 филийки италиански хляб, отстранени кората и нарязани на парчета (около 1 чаша)

1/2 чаша мляко

2 супени лъжици наситнен пресен магданоз

1 голяма скилидка чесън

4 унции бекон, нарязан

½ чаша прясно настъргано Пармиджано-Реджано

Сол и прясно смлян черен пипер

1 килограм смляно пуешко месо

2 големи яйца

¼ чаша шамфъстък, обелен и едро нарязан

1. Накиснете хляба в студено мляко за 5 минути или докато омекне. Внимателно изстискайте хляба и го поставете в кухненски робот, снабден със стоманено острие. Изхвърлете млякото.

2. Добавете магданоза, чесъна, бекона, сиренето и сол и черен пипер на вкус. Обработвайте до фино нарязване. Добавете пуешкото и яйцата и разбъркайте до гладкост. С помощта на шпатула добавете шам фъстъка.

3. Разстелете парче влажна тензух с размери 14 × 12 инча върху равна повърхност. Оформете пуешката смес в хляб с размери 8 × 3 инча и центрирайте върху кърпа. Увийте пуйката в кърпата и я увийте напълно. С кухненска връв завържете кифличката на интервали от 2 инча, сякаш връзвате печено.

4. Напълнете голяма тенджера с 3 литра студена вода. Оставете течността да заври.

5. Добавете хляб и пош, частично покрит, 45 минути или докато соковете потекат, когато хлябът е прободен в центъра с вилица.

6. Извадете хляба от течността и го оставете да изстине 10 минути. Развийте и нарежете за сервиране.

Пуешки рулца в доматен сос от червено вино

Ролатини в сос от розово вино

Прави 4 порции

Когато се омъжих за първи път, една съседка ми даде тази рецепта от родния регион на нейното семейство Пулия. Играл съм го през годините и въпреки че тя използва телешки котлети, предпочитам да го направя с пуешко. Рулата могат да се направят предварително и да се съхраняват в хладилник. Те се затоплят много добре ден-два по-късно.

4 унции смляно говеждо или пуешко месо

2 унции ситно нарязан бекон

1 1/4 чаша нарязан пресен магданоз

1 малка скилидка чесън, смлян на ситно

¼ чаша сухи галета

Сол и прясно смлян черен пипер

1 1/4 фунта тънко нарязани пуешки котлети, нарязани на 12 парчета

2 супени лъжици зехтин

1/2 чаша сухо червено вино

2 чаши обелени, почистени от семена и нарязани на кубчета пресни домати или домати от консерва, отцедени и нарязани на кубчета

Щипка смлян червен пипер

1. В голяма купа смесете телешкото месо, панчетата, магданоза, чесъна, галетата и сол и черен пипер на вкус. Оформете сместа в 12 малки наденички с дължина около 3 инча. В края на пуешки котлет сложете наденица. Навийте месото на руло, за да обхване наденицата. С помощта на клечка за зъби забодете рулото в центъра, успоредно на рулото. Повторете с останалите колбаси и котлети.

2. В среден тиган загрейте зехтина на среден огън. Добавете рула и запечете от всички страни, около 10 минути. Добавете виното и оставете да заври. Гответе 1 минута, като обръщате кифличките.

3. Добавете доматите, сол на вкус и щипка смлян червен пипер. Намалете топлината до минимум. Покрийте частично тигана. Гответе, като добавите малко топла вода, ако е необходимо, за да предотвратите изсушаването на соса, в продължение на 20 минути или докато рулцата омекнат, когато се надупчат с вилица.

4. Прехвърлете рулцата в чиния. Извадете клечките и залейте отгоре със соса. Сервирайте горещ.

Патешки гърди със сладко-кисели смокини

Petto di Anatra c Agrodolce di Fichi

Прави 4 порции

Тази съвременна пиемонтска рецепта за сотирани патешки гърди със смокини и балсамов оцет е идеална за специална вечеря. Патешките гърди са най-добри, когато се готвят на среден огън и са все още розови в най-дебелата част. Сервирайте с намазан с масло спанак и запечени картофи.

2 патешки гърди без кост (около 2 паунда всяка)

Сол и прясно смлян черен пипер

8 пресни зрели зелени или черни смокини или сушени смокини

1 лъжица захар

1/4 чаша отлежал балсамов оцет

1 супена лъжица несолено масло

1 супена лъжица наситнен пресен магданоз

1. Извадете патешките гърди от хладилника 30 минути преди готвене. Изплакнете патешките гърди и ги подсушете.

Нарежете 2-3 диагонални прореза в кожата на патешките гърди, без да врязвате месото. Поръсете обилно със сол и черен пипер.

2. През това време нарежете пресните смокини наполовина или на четвъртинки, ако са големи. Ако използвате сушени смокини, накиснете ги в топла вода, докато станат пухкави, за 15 до 30 минути. Отцедете, след това нарежете на четвъртинки.

3. Поставете решетка в центъра на фурната. Загрейте фурната до 350 ° F. Подгответе малък лист за печене.

4. Загрейте голям незалепващ тиган на средно висока температура. Добавете патешките гърди с кожата надолу. Гответе патицата, без да я обръщате, докато покафенее добре от страната на кожата, 4 до 5 минути.

5. Намажете тавата за печене с малко патешка мазнина от тигана. Поставете патешките гърди с кожата нагоре в тигана и печете за 5 до 6 минути или докато месото порозовее, когато се нареже през най-дебелата част.

6. Докато патицата е във фурната, отлейте мазнината от тавата, но не я бършете. Добавете смокините, захарта и балсамовия оцет. Гответе, като въртите тигана, докато

течността стане леко гъста, около 2 минути. Свалете от котлона и добавете маслото.

7. Когато сте готови, поставете патешките гърди върху дъска за рязане. Нарежете гърдите на 3/4-инчови диагонални филийки. Нарязва се с ветрило върху 4 горещи чинии за сервиране. Залейте със соса от смокини. Поръсете с магданоз и сервирайте веднага.

Печена патица с подправки

Anatra allo Spezie

Прави 2 до 4 порции

В Пиемонт дивите патици се задушават с червено вино, оцет и подправки. Тъй като разнообразието от домашни патици по пекински, които се предлагат в Съединените щати, е много мазно, адаптирах тази рецепта за печене. В една патица няма много месо, така че очаквайте да получите само две големи порции или четири малки. Ножиците за домашни птици са чудесна помощ при нарязването на патицата на парчета за сервиране.

1 патица (около 5 паунда)

2 смлени скилидки чесън

2 средни глави лук, нарязани на ситно

1 супена лъжица нарязан пресен розмарин

3 цели зъба

1/2 чаена лъжичка смляна канела

1/4 чаша сухо червено вино

2 супени лъжици червен винен оцет

1. С вилица се надупчва цялата кожа, за да може мазнината да излезе при готвене. Внимавайте да пробиете само повърхността на кожата и да избягвате пробиването на месото.

2. В средна купа смесете чесъна, лука, розмарина, карамфила и канелата. Разпределете около една трета от сместа в средно голяма тава за печене. Поставете патицата в тавата и напълнете малко със сместа. Наредете останалата смес върху патицата. Покрийте и охладете за една нощ.

3. Поставете решетка в центъра на фурната. Загрейте фурната до 325 ° F. Отстранете съставките на марината от патицата и поставете в тиган. Печете патицата с гърдите надолу за 30 минути.

4. Обърнете патешките гърди и ги залейте с виното и оцета. Печете на скара 1 час, като на всеки 15 минути поливате с течността от тигана. Повишете температурата на фурната до 400 ° F. Печете още 30 минути или докато патицата се запече добре и температурата в бедрото регистрира 175 ° F на термометър с незабавно отчитане.

5. Прехвърлете патицата върху дъска за рязане. Покрийте с алуминиево фолио и оставете да почине за 15 минути. Прецедете сока от тигана и отстранете мазнината с лъжица. Загрейте отново соковете от тигана, ако е необходимо.

6. Нарежете патицата на парчета за сервиране и сервирайте гореща със сока.

Пъдпъдъци на тиган с манари

Quaglie в Tegame с Funghi Porcini

Прави от 4 до 8 порции

В Buttrio, във Фриули-Венеция Джулия, съпругът ми и аз ядохме в Trattoria Al Parco, ресторант, който работи от 1920 г. Сърцето на ресторанта е fogolar, огромна камина, типична за домовете в този регион. Хората от Фриули често с умиление разказват спомени от детството си за нощи, прекарани около fogolar, готвене и разказване на истории. Fogolar на Al Parco се запалва всяка вечер и се използва за печене на месо и гъби. Вечерта, когато бяхме там, малките птички в богат гъбен сос бяха специалитетът.

1 унция сушени манатарки (около 3/4 чаша)

2 чаши гореща вода

8 пъдпъдъка, приготвени както е посочено най-вдясно

8 листа градински чай

4 резена бекон

Сол и прясно смлян черен пипер

2 супени лъжици несолено масло

1 супена лъжица зехтин

1 малка глава лук, нарязана на ситно

1 морков нарязан на ситно

1 бейби целина, ситно нарязано

1 1/2 чаша сухо бяло вино

2 супени лъжици доматено пюре

1. Накиснете гъбите във вода за поне 30 минути. Извадете гъбите от водата, като запазите течността. Изплакнете гъбите под хладка течаща вода, като обърнете особено внимание на краищата на стъблото, където се събира пръст. Прецедете заделената гъбена течност през платнена салфетка или хартиен филтър за кафе в купа. Нарежете гъбите на едро. Заделени.

2. Изплакнете пъдпъдъците отвътре и отвън и ги подсушете добре. Проверете ги за пера и ги отстранете. Поставете вътре парче бекон, листо градински чай и щипка сол и черен пипер.

3. В голям тиган загрейте маслото и олиото на среден огън. Добавете пъдпъдъците и гответе, като обръщате от време на време, докато покафенеят добре от всички страни, около 15 минути. Прехвърлете пъдпъдъците в чиния. Добавете лука, моркова и целината в тигана. Гответе, като разбърквате често, за 5 минути или докато омекнат.

4. Добавете виното и оставете да къкри 1 минута. Добавете гъби, доматено пюре и течност от гъби. Върнете пъдпъдъците в тигана. Поръсете със сол и черен пипер.

5. Оставете течността да заври. Намалете топлината до минимум. Покрийте и гответе, като от време на време обръщате и поливате пъдпъдъци, около 1 час или докато птиците станат много крехки, когато се надупчат с вилица.

6. Ако в тигана има твърде много течност, извадете пъдпъдъците в чиния за сервиране и покрийте с фолио, за да се затоплят. Увеличете топлината до висока и кипете течността, докато се намали. Залейте пъдпъдъците със соса и сервирайте веднага.

пъдпъдъци на скара

Qualie alla Griglia

Сервира от 2 до 4

Ресторант La Badia в Орвието е специализиран в месо, приготвено на скара на дърва. Колбаси, птици и големи печени бавно се въртят над пламъците, изпълвайки ресторанта с вкусни аромати. Тези пъдпъдъци, приготвени на скара или шиш, са вдъхновени от тези, които ядох в Умбрия. Птиците се оказват хрупкави отвън и сочни отвътре.

4 пъдпъдъка, размразени, ако са замразени

1 голяма скилидка чесън, смлян на ситно

1 супена лъжица нарязан пресен розмарин

1/4 чаша зехтин

Сол и прясно смлян черен пипер

1 лимон, нарязан на резени

1. Изплакнете пъдпъдъците отвътре и отвън и ги подсушете добре. Проверете ги за пера и ги отстранете. С ножица за домашни птици разрежете пъдпъдъка наполовина по гърба

и гръдната кост. Потупайте леко пъдпъдъчите половинки с чук за месо или гумен чук, за да ги сплеснете леко.

2.В голяма купа смесете чесъна, розмарина, олиото, сол и черен пипер на вкус. Добавете пъдпъдъци в купа, като разбърквате, за да се покрият. Покрийте и охладете за 1 час до една нощ.

3.Поставете скара за барбекю или скара на около 5 инча от източника на топлина. Загрейте предварително грил или барбекю.

4.Печете на грил или печете половинките пъдпъдъци, докато покафенеят добре от двете страни, около 10 минути. Сервирайте горещ с резени лимон.

Пъдпъдъци с домати и розмарин

квагли в сос

Прави от 4 до 8 порции

Молизе, разположен на адриатическото крайбрежие в Южна Италия, е един от по-малко известните региони на страната. Той е предимно селскостопански, с малко съоръжения за туристи и до 60-те години всъщност е бил част от комбинирания регион Абруцо и Молизе. Съпругът ми и аз отидохме да посетим Majo di Norante, винарско имение и agriturismo (работеща ферма или винарна, която се удвоява като хостел), която произвежда едни от най-добрите вина в региона.

Ядохме пъдпъдъци, приготвени в лек доматен сос с розмарин във Vecchia Trattoria da Tonino в Кампобасо. Опитайте го с вино Majo di Norante, като Sangiovese.

1 малка глава лук наситнена

2 унции нарязан бекон

2 супени лъжици зехтин

8 пресни или размразени замразени пъдпъдъци

1 супена лъжица нарязан пресен розмарин

Сол и прясно смлян черен пипер

3 супени лъжици доматено пюре

1 чаша сухо бяло вино

1. В голям тиган с плътно прилягащ капак, гответе лука и панчетата в зехтина на среден огън, докато лукът стане златисто кафяв, около 10 минути. Избутайте съставките към стените на тигана.

2. Изплакнете пъдпъдъците отвътре и отвън и ги подсушете добре. Проверете ги за пера и ги отстранете. Добавете пъдпъдъците в тигана и ги запържете от всички страни за около 15 минути. Поръсете с розмарина и сол и черен пипер на вкус.

3. В малка купа смесете доматеното пюре и виното. Изсипете сместа при пъдпъдъците и разбъркайте добре. Намалете топлината до минимум. Покрийте и гответе, като обръщате пъдпъдъците от време на време, около 50 минути или докато станат много омекнали, когато се надупчат с вилица. Сервирайте горещ.

задушени пъдпъдъци

Куали Стоуфат

Прави 4 порции

Джани Козети е главният готвач и собственик на Restaurante Roma в Толмецо, в планинския регион Карния във Фриули-Венеция Джулия. Известен е със своите модерни интерпретации на традиционни рецепти и местни продукти. Когато ядох там, той ми каза, че тази рецепта традиционно се приготвя с порке, дребни дивечови птици, които са били ловувани, докато са преминавали през региона по време на годишната си миграция. Днес Джани използва само пресни дивечови птици и ги увива в беконово яке, така че да останат влажни и крехки, докато се готвят. Той препоръча да ги сервирате с шиопетино, червено вино от Фриули.

8 пъдпъдъци

16 плодове от хвойна

Приблизително 16 пресни листа градински чай

4 скилидки чесън, нарязани на тънко

Сол и прясно смлян черен пипер

8 тънки филийки бекон

2 супени лъжици несолено масло

2 супени лъжици зехтин

1 чаша сухо бяло вино

1. Изплакнете пъдпъдъците отвътре и отвън и ги подсушете добре. Проверете ги за пера и ги отстранете. Напълнете всеки пъдпъдък с 2 плода от хвойна, листенце градински чай и няколко резенчета чесън. Поръсете птиците със сол и черен пипер. Върху всеки пъдпъдък поставете листенце градински чай. Развийте панчетата и увийте по един резен около всеки пъдпъдък. Завържете парче кухненска връв около бекона, за да го държите на място.

2. В голям тиган с плътно затварящ се капак разтопете маслото с олиото на среден огън. Добавете пъдпъдъците и запържете птиците от всички страни за около 15 минути.

3. Добавете виното и оставете да заври. Покрийте тигана, намалете топлината до ниска и гответе, като обръщате и поливате пъдпъдъците с течност няколко пъти, 45 до 50 минути или докато пъдпъдъците станат много крехки.

Добавете малко вода, ако тиганът стане твърде сух.
Сервирайте горещ.

Стек на скара по флорентински

Пържола Фиорентина

Прави 6 до 8 порции

Най-качественото говеждо месо в Италия идва от едрата порода чисто бели говеда, известна като Chianina. Смята се, че тази порода, кръстена на долината Чиана в Тоскана, е един от най-старите видове домашни говеда. Първоначално те са били отглеждани като впрегатни животни и са били отглеждани, за да бъдат много големи и послушни. След като машините поеха работата им в модерните ферми, говедата Chianina сега се отглеждат заради висококачественото им месо.

Портърхаус пържолите, които са напречен разрез на късото филе и филе, разделени от T-образна кост, се изрязват от говеждо Chianina и се приготвят по този начин в Тоскана. Въпреки че говеждото Chianina не се предлага в Съединените щати, все пак можете да получите вкусни пържоли с тази рецепта. Купете възможно най-качественото месо.

2 портърхаус пържоли с дебелина 1 1/2 инча (около 2 паунда всяка)

Сол и прясно смлян черен пипер

Екстра върджин зехтин

Резенчета лимон

1. Поставете скара за барбекю или скара на около 4 инча от източника на топлина. Загрейте предварително грил или барбекю.

2. Поръсете филетата със сол и черен пипер. Печете месото на грил за 4 до 5 минути. Обърнете месото с щипки и гответе още около 4 минути за печене или 5 до 6 минути за печене, в зависимост от дебелината на пържолите. За да проверите дали е сварен, направете малък разрез в най-дебелата част. За по-дълго готвене преместете пържолите в по-хладна част на скарата.

3. Оставете филетата да починат 5 минути, преди да ги нарежете напречно на тънки филийки. Поръсете с още сол и черен пипер. Напръскайте с масло. Сервирайте горещ с резени лимон.

Пържола с балсамова глазура

Bistecca al Balsamico

Прави 6 порции

Постната, обезкостена пържола от хълбока има страхотен вкус, когато се къпе в балсамов оцет и зехтин преди печене на скара или печене. Балсамовият оцет съдържа естествено срещащи се захари, така че когато се прилага върху меса преди печене на грил, скара или грил, той помага за образуването на хубава кафява коричка, която запечатва соковете на месото и добавя мек вкус. Използвайте най-добрия балсамов оцет, който можете да намерите.

2 супени лъжици екстра върджин зехтин плюс още за поливане

2 супени лъжици балсамов оцет

1 скилидка чесън наситнена

1 фланк пържола, около 1 1/2 паунда

Сол и прясно смлян черен пипер

1. В плитка чиния, достатъчно голяма, за да побере пържолата, смесете олиото, оцета и чесъна. Добавете

пържолата, като я обърнете, за да се покрие с маринатата. Покрийте и охладете до 1 час, като от време на време обръщате пържолата.

2.Поставете скара за барбекю или скара на около 4 инча от източника на топлина. Загрейте предварително грил или барбекю. Извадете пържола от марината и подсушете. Запечете пържолата на грил или печете за 3 до 4 минути. Обърнете месото с щипки и гответе още около 3 минути за печене или още 4 минути за печене, в зависимост от дебелината на пържолата. За да проверите дали е сварен, направете малък разрез в най-дебелата част. За по-дълго готвене преместете пържола в по-хладна част на скарата.

3.Поръсете пържолата със сол и черен пипер. Оставете да почине 5 минути, преди да нарежете месото на тънки филийки. Поръсете с малко необработен зехтин.

Филе от раковина с шалот, бекон и червено вино

Bistecca al Vino Rosso

Прави 4 порции

Крехките пържоли с черупки получават подобрен вкус от панчета, шалот и червено вино.

2 супени лъжици несолено масло

1 дебел резен бекон (около 1 унция), ситно нарязан

2 обезкостени пържоли от раковина, с дебелина около 1 инч

Сол и прясно смлян черен пипер

1/4 чаша нарязан шалот

1/2 чаша сухо червено вино

½ чаша домашно<u>Месен бульон</u>или телешки бульон от магазина

2 супени лъжици балсамов оцет

1. Загрейте фурната до 200 ° F. В голям тиган разтопете 1 супена лъжица масло на среден огън. Добавете бекона.

Гответе, докато панчетата стане златиста, около 5 минути. Извадете панчетата с решетъчна лъжица и изсипете мазнината.

2. Подсушете филетата. Разтопете останалата супена лъжица масло в същия тиган на среден огън. Когато маслената пяна спадне, поставете филетата в тигана и гответе, докато покафенеят добре, 4 до 5 минути. Поръсете със сол и черен пипер. Обърнете месото с щипки и гответе 4 минути от другата страна за печене или 5 до 6 минути за печене. За да проверите дали е сварен, направете малък разрез в най-дебелата част. Прехвърлете филетата върху топлоустойчива чиния и ги дръжте на топло във фурната.

3. Добавете шалота в тигана и гответе, като разбърквате, за 1 минута. Добавете виното, бульона и балсамовия оцет. Оставете да заври и гответе, докато течността стане гъста и сиропирана, около 3 минути.

4. Добавете панчетата към сока от тигана. Залейте филетата със соса и сервирайте веднага.

Резана пържола с рукола

Стракети ди Манцо

Прави 4 порции

Straccetti означава "малки парцали", на които приличат тези тесни ивици месо. Преди да направите това ястие, поставете месото във фризера, докато стане достатъчно твърдо, за да го нарежете на тънко. Пригответе всички съставки, но не подправяйте салатата малко преди да приготвите месото.

2 връзки рукола

4 супени лъжици екстра върджин зехтин

1 супена лъжица балсамов оцет

1 супена лъжица нарязан шалот

Сол и прясно смлян черен пипер

1 1/4 фунта постно филе без кости или друга крехка пържола

1 чаена лъжичка нарязан пресен розмарин

1. Нарежете руколата, като изхвърлите стъблата и натъртените листа. Измийте ги с няколко смени на студена вода. Подсушете много добре. Нарежете руколата на ситно.

2. В голяма купа разбийте заедно 2 супени лъжици олио, оцет, шалот, сол и черен пипер на вкус.

3. С помощта на остър нож нарежете филето напречно на много тънки филийки. Загрейте голям тежък тиган на среден огън. Когато е много горещо, добавете останалите 2 супени лъжици зехтин. Подредете резените говеждо месо в тигана на един слой, на порции, ако е необходимо, и гответе, докато покафенеят, около 2 минути. Обърнете месото с щипка и го поръсете със сол и черен пипер. Гответе, докато покафенеят съвсем леко, около 1 минута, за малко.

4. Залейте руколата с дресинга и поставете в чиния. Върху руколата се нареждат филийките телешко и се поръсват с розмарин. Сервирайте веднага.

Филе пържоли с горгонзола

Филето ди Манцо с горгонзола

Прави 4 порции

Пържолите от филе са меки на вкус, но този луксозен сос им придава много характер. Накарайте месаря да нареже филетата с дебелина не повече от 1 1/4 инча за по-лесно готвене и завържете всяко филе с кухненска връв, за да запази формата си. Не забравяйте да измерите и подредите всички съставки, преди да започнете да готвите, тъй като става много бързо.

4 пържоли от телешко филе с дебелина около 1 инч

Екстра върджин зехтин

Сол и прясно смлян черен пипер

3 супени лъжици несолено масло

1 малък шалот, нарязан на ситно

¹1/4 чаша сухо бяло вино

1 супена лъжица дижонска горчица

Около 4 унции сирене горгонзола, отстранена кора и нарязано на парчета

1. Натрийте филетата със зехтин и ги поръсете със сол и черен пипер. Покрийте и охладете. Извадете филетата от хладилника около 1 час преди готвене.

2. Загрейте фурната до 200 ° F. Разтопете 2 супени лъжици масло в голям тиган на среден огън. Когато маслената пяна спадне, подсушете филетата. Поставете ги в тигана и гответе, докато покафенеят добре, 4 до 5 минути. Обърнете месото с щипки и гответе от другата страна, 4 минути, ако е изпечено или 5 до 6 минути, ако е средно изпечено. За да проверите дали е сварен, направете малък разрез в най-дебелата част. Прехвърлете филетата върху топлоустойчива чиния и ги дръжте на топло във фурната.

3. Добавете шалот в тигана и гответе, като разбърквате, за 1 минута. Добавете виното и горчицата. Намалете котлона и добавете горгонзолата. Добавете всички сокове, които са се събрали около пържолите. Свалете от огъня и добавете останалата 1 супена лъжица масло.

4. Залейте филетата със соса и сервирайте.

Пълнени месни рулца в доматен сос

Braciole al Pomodoro

Прави 4 порции

Тънките резени говеждо месо са идеални за braciole, обикновено произнасяно bra-zholl, пикантно, бавно приготвено любимо. Потърсете големи парчета месо без много съединителна тъкан, така че да поддържат формата си добре.

Braciole може да се готви като част от<u>неаполитанско рагу</u>. Някои готвачи пълнят брачиола с твърдо сварено яйце, докато други добавят стафиди и кедрови ядки към основния пълнеж.

4 тънки резена говеждо без кости, около 1 паунд

3 скилидки чесън, нарязани на ситно

2 супени лъжици настъргано сирене Пекорино Романо

2 супени лъжици наситнен пресен магданоз

Сол и прясно смлян черен пипер

2 супени лъжици зехтин

1 чаша сухо червено вино

2 чаши консервирани вносни италиански домати със сока им, преминали през хранителна мелница

4 листа пресен босилек, нарязани на ситно

1. Поставете месото между 2 парчета найлоново фолио и внимателно го начукайте с плоската страна на машина за месо или гумен чук, докато стане равномерна дебелина 1/8 инча. Изхвърлете горната пластмасова част.

2. Заделете 1 смляна скилидка чесън за соса. Поръсете месото с останалия чесън, кашкавала, магданоза, сол и черен пипер на вкус. Всяко парче навийте като наденица и завържете като малко печено с памучен кухненски конец.

3. Загрейте олиото в голяма тенджера. Добавете брациола. Гответе, като от време на време обръщате месото, докато покафенее от всички страни, около 10 минути. Поръсете останалия чесън около месото и гответе 1 минута. Добавете виното и оставете да къкри 2 минути. Добавете доматите и босилека.

4.Покрийте и оставете да къкри, като обръщате месото от време на време, докато омекне, когато се надупчи с вилица, около 2 часа. Добавете малко вода, ако сосът стане твърде гъст. Сервирайте горещ.

телешко и бира

Карбоната ди Буе

Прави 6 порции

Телешко, бира и лук е печеливша комбинация в тази яхния от Алто Адидже. Подобно е на френската говежда карбонада от другата страна на границата.

Обезкостеното телешко ястие е подходящ вариант за задушаване. Има достатъчно мрамор, за да остане влажен по време на дълго готвене.

4 супени лъжици несолено масло

2 супени лъжици зехтин

3 средни глави лук (около 1 паунд), нарязани на ситно

3 фунта обезкостено говеждо яхния, нарязано на 1 1/2-инчови парчета

1/2 чаша универсално брашно

12 унции бира, всякакъв вид

2 чаши обелени, почистени от семена и нарязани на кубчета пресни домати или консервирано доматено пюре

Сол и прясно смлян черен пипер

1. Разтопете 2 супени лъжици масло с 1 супена лъжица масло в голям тиган на средно слаб огън. Добавете лука и гответе, като разбърквате често, докато лукът леко покафенее, около 20 минути.

2. В голяма тенджера или друга дълбока, тежка тенджера с плътно затварящ се капак разтопете останалото масло с олиото на среден огън. Отцедете половината от месото в брашното и изтръскайте излишното. Запържете парчетата добре от всички страни, около 10 минути. Прехвърлете месото в чиния. Повторете с останалото месо.

3. Махнете мазнината от гювеча. Добавете бирата и оставете да къкри, като изстържете дъното на тигана, за да смесите покафенелите парчета в бирата. Гответе 1 минута.

4. Поставете решетка в центъра на фурната. Загрейте фурната до 375 °F. Върнете цялото месо в гювеча. Добавете лука, доматите, сол и черен пипер на вкус. Оставете течността да заври.

5. Гювечът се захлупва и се пече във фурната, като се разбърква от време на време, за 2 часа или докато месото омекне при пробождане с нож. Сервирайте горещ.

Яхния с телешко и лук карбонат

Прави 6 порции

В Трентино-Алто Адидже тази яхния с подобно име на предишната се прави с червено вино и подправки. Понякога говеждото се заменя с еленско или друг дивеч. Гладката, маслена полента е класическият акомпанимент към тази обилна яхния, но я харесвам и с*Пюре от карфиол*.

3 супени лъжици несолено масло

3 супени лъжици зехтин

2 средни глави лук, нарязани на четвъртинки и нарязани на ситно

1 1/2 чаша универсално брашно

3 килограма говеждо без кости, нарязано на 2-инчови парчета

1 чаша сухо червено вино

1/8 чаена лъжичка смляна канела

1/8 чаена лъжичка смлян карамфил

⅛ чаена лъжичка смляно индийско орехче

1 чаша телешки бульон

Сол и прясно смлян черен пипер

1. В голям тиган разтопете 1 супена лъжица масло с 1 супена лъжица масло на средно слаб огън. Добавете лука и гответе, като разбърквате от време на време, докато стане много омекнал, около 15 минути.

2. В голяма тенджера или друга дълбока, тежка тенджера с плътно затварящ се капак разтопете останалото масло с олиото на среден огън. Разстелете брашното върху лист восъчна хартия. Овалявайте месото в брашно, като изтръскате излишното. Добавете достатъчно парчета в тигана, за да се поберат удобно, без да се натрупват. Като покафенее месото се прехвърля в чиния, след което по същия начин се запържва и останалото месо.

3. Когато цялото месо се запече и извади, добавете виното в тигана и оставете да къкри, като остържете дъното на тигана, за да смесите всички покафенели парчета във виното. Оставете да къкри 1 минута.

4. Върнете месото в тигана. Добавете лука, подправките и бульона. Подправете със сол и черен пипер. Оставете да заври и покрийте съда. Гответе, като разбърквате от време на време, в продължение на 3 часа или докато месото стане много крехко, когато се надупчи с вилица. Добавете малко вода, ако течността стане твърде гъста. Сервирайте горещ.

Телешка яхния с пипер

пепосо

Прави 6 порции

Тосканците приготвят тази пикантна яхния с телешки или телешки бутчета, но аз предпочитам да използвам рибай без кост. Според Джовани Риги Паренти, автор на La Grande Cucina Toscana, когато преди време пиперът е бил непосилно скъп, готвачите са запазвали зърната черен пипер от резените салам, докато останат достатъчно за приготвяне на пепосо.

Моят приятел Марко Бартолини Балдели, собственик на винарна Fattoria di Bagnolo, ми каза, че тази яхния била любима на тосканските тухлари в град Импрунета, които я приготвяли в своите пещи. Бутилка Fattoria di Bagnolo Chianti Colli Fiorentini Riserva би била идеален акомпанимент.

2 супени лъжици зехтин

3 килограма говеждо месо, нарязано на 2-инчови парчета

Сол и прясно смлян черен пипер

2 скилидки чесън нарязани на ситно

2 чаши сухо червено вино

1 1/2 чаши обелени, почистени от семена и нарязани на кубчета домати

1 чаена лъжичка прясно смлян черен пипер или на вкус

1. В голяма холандска фурна или друга дълбока, тежка тенджера с плътно прилягащ капак, загрейте маслото на среден огън. Изсушете и покафенете месото от всички страни, на порции, без да претрупвате тигана, около 10 минути на партида. Поръсете със сол и черен пипер. Прехвърлете месото в чиния.

2. Добавете чесъна към мазнината в тигана. Добавете червеното вино, сол и черен пипер на вкус и доматите. Оставете да заври и върнете месото в тигана. Добавете студена вода, колкото да покрие месото. Покрийте тенджерата. Намалете топлината до минимум и гответе, като разбърквате от време на време, в продължение на 2 часа.

3. Добавете виното и гответе още 1 час, или докато месото стане много крехко, когато се надупчи с вилица. Опитайте и коригирайте подправките. Сервирайте горещ.

Телешка яхния по Фриули

Манзо в Скуазе

Прави 6 порции

Пилешко, телешко и патешко са само няколко от различните видове месо, които се приготвят в есказоте, което означава „яхния" на диалекта на Фриули-Венеция Джулия.

1/2 чаша сушени манатарки

1 чаша хладка вода

1/4 чаша зехтин

3 килограма говеждо месо, нарязано на 2-инчови парчета

2 големи глави лук, нарязани на ситно

2 супени лъжици доматено пюре

1 чаша сухо червено вино

2 дафинови листа

Щипка смлян карамфил

Сол и прясно смлян черен пипер

2 домашни чаши <u>Месен бульон</u> или телешки бульон от магазина

1. Накиснете гъбите във вода за 30 минути. Извадете гъбите и запазете течността. Изплакнете гъбите под хладка течаща вода, за да отстраните песъчинките, като обърнете особено внимание на краищата на стъблата, където се събира мръсотия. Нарежете гъбите на едро. Прецедете течността от гъбите през хартиен филтър за кафе в купа.

2. В голям тиган загрейте олиото на среден огън. Подсушете месото. Добавете месото и запечете добре от всички страни, около 10 минути, като прехвърлите парчетата в чиния, докато покафенеят.

3. Добавете лука в тенджерата и гответе, докато омекне, около 5 минути. Добавете доматеното пюре. Добавете виното и оставете течността да къкри.

4. Върнете месото в тигана. Добавете гъбите и течността им, дафиновите листа, карамфила, сол и черен пипер на вкус. Добавете бульона. Покрийте и оставете да къкри, като разбърквате от време на време, докато месото омекне и течността намалее, 2 1/2 до 3 часа. Ако има твърде много течност, открийте съда за последните 30 минути. Отстранете дафиновите листа. Сервирайте горещ.

Гювеч от смесено месо по ловджийски

scottiglia

Прави 8 до 10 порции

В Тоскана, когато месото беше оскъдно, няколко ловци се събраха и дадоха малки парчета месо, за да създадат тази сложна яхния. Може да се добави или замени всичко от говеждо, пилешко, агнешко или свинско до фазан, заек или токачка. Колкото по-голямо е разнообразието от меса, толкова по-богат ще бъде вкусът на яхнията.

1/4 чаша зехтин

1 пиле, нарязано на 8 порции

1 килограм обезкостена телешка яхния, нарязана на 2-инчови парчета

1 килограм агнешка плешка, нарязана на 2-инчови парчета

1 килограм свинска плешка, нарязана на 2-инчови парчета

1 голяма глава червен лук, нарязан на ситно

2 ребърца целина, нарязани

2 големи моркова, нарязани на ситно

2 скилидки чесън нарязани на ситно

1 чаша сухо червено вино

Сол

½ чаена лъжичка счукан червен пипер

2 чаши нарязани на кубчета домати, пресни или консервирани

1 супена лъжица нарязан пресен розмарин

2 домашни чаши**Пилешка супа**,**Месен бульон**, или купен от магазина пилешки или телешки бульон

Украсете

8 филийки италиански или френски хляб

2 големи скилидки чесън, обелени

1. В холандска фурна, достатъчно голяма, за да побере всички съставки, или друга дълбока, тежка тенджера с плътно затварящ се капак, загрейте маслото на среден огън. Подсушете месото. Добавете само толкова части, колкото ще се поберат удобно в един слой. Запържете парчетата добре от всички страни, около 10 минути на партида, след което ги прехвърлете в чиния. Продължете, докато цялото месо покафенее.

2. Добавете лука, целината, морковите и чесъна в тигана. Гответе, като разбърквате често, докато омекнат, около 10 минути.

3. Върнете месото в тигана и добавете виното, сол на вкус и счукан червен пипер. Оставете течността да заври. Добавете доматите, розмарина и бульона. Намалете топлината, така че течността едва да шупне. Гответе, като разбърквате от време на време, докато всички меса омекнат, около 90 минути. (Добавете малко вода, ако сосът стане твърде сух.)

4. Препечете филийките хляб и ги натрийте с обеления чесън. Поставете месото и соса в голяма купа. Поставете филийките хляб от всички страни. Сервирайте горещ.

Говеждо задушено

Гулаш ди Манцо

Прави 8 порции

Северната част на Трентино-Алто Адидже някога е била част от Австрия; Италия го анексира след Първата световна война. В резултат храната е австрийска, но с италиански акцент.

Сушените подправки като червения пипер са годни само около шест месеца след отваряне на контейнера. След това вкусът избледнява. Струва си да си купите нов буркан, когато приготвяте тази яхния. Задължително използвайте червен пипер, внесен от Унгария. Можете да използвате целия сладък червен пипер или комбинация от сладко и люто по ваш вкус.

3 супени лъжици свинска мас, мазнина от бекон или растително масло

2 паунда обезкостено рибайе, нарязано на 2-инчови парчета

Сол и прясно смлян черен пипер

3 големи глави лук, нарязани на ситно

2 смлени скилидки чесън

2 чаши сухо червено вино

¼ чаша унгарски сладък червен пипер или комбинация от сладък и лют червен пипер

1 дафинов лист

2-инчови ивици лимонова кора

1 супена лъжица двойно концентрирано доматено пюре

1 чаена лъжичка смлян кимион

1/2 чаена лъжичка сушена майорана

пресен лимонов сок

1. В голяма холандска фурна или друга дълбока, тежка тенджера с плътно прилягащ капак, загрейте мазнината или мазнината на среден огън. Подсушете месото и добавете в тигана само парчетата, които ще се поберат удобно в един слой. Запържете парчетата добре от всички страни, около 10 минути на партида. Месото се прехвърля в чиния и се поръсва със сол и черен пипер.

2. Добавете лука в тигана и гответе, като разбърквате често, докато омекне и стане златист, около 15 минути. Добавете

чесъна. Добавете виното и изстържете дъното на тигана. Върнете месото в тигана. Оставете течността да заври.

3. Добавете червен пипер, дафинов лист, лимонова кора, доматено пюре, кимион и майорана. Добавете вода, колкото да покрие месото.

4. Покрийте тенджерата и гответе 21/2 до 3 часа или докато месото омекне с вилица. Добавете лимоновия сок. Отстранете дафиновия лист и лимоновата кора. Опитайте и коригирайте подправките. Сервирайте горещ.

Яхния от волска опашка по римски

Coda alla Vaccinara

Прави 4 до 6 порции

Въпреки че волските опашки нямат много месо, това, което има, е много ароматно и крехко, когато се задушава по римски начин. Остатъчният сос е добър за ригатони или друга дебело нарязана паста.

1/4 чаша зехтин

3 паунда волска опашка, нарязани на 1 1/2-инчови парчета

1 голяма глава лук нарязана

2 скилидки чесън нарязани на ситно

1 чаша сухо червено вино

2 1/2 чаши обелени, почистени от семена и нарязани на кубчета пресни домати или домати от консерва, отцедени и нарязани на кубчета

1/4 чаена лъжичка смлян карамфил

Сол и прясно смлян черен пипер

2 чаши вода

6 ребърца целина, нарязани

1 супена лъжица нарязан горчив шоколад

3 супени лъжици кедрови ядки

3 супени лъжици стафиди

1.В голяма тенджера или друга дълбока, тежка тенджера с плътно затварящ се капак загрейте зехтина. Изсушете волската опашка и добавете в тигана само парчетата, които ще се поберат удобно в един слой. Запържете парчетата добре от всички страни, около 10 минути на партида. Прехвърлете парчетата в чиния.

2.Добавете лука и гответе, като разбърквате от време на време, до златисто. Добавете чесъна и гответе още 1 минута. Добавете виното, като изгребвате дъното на тигана.

3.Върнете волската опашка в тигана. Добавете доматите, карамфила, сол и черен пипер на вкус и водата. Покрийте съда и оставете течността да къкри. Намалете топлината и гответе, като разбърквате от време на време, докато месото омекне и се отдели от костите, около 3 часа.

4. Междувременно сложете голяма тенджера с вода да заври. Добавете целината и гответе 1 минута. Отцедете добре.

5. Разбъркайте шоколада в тигана с волските опашки. Добавете целината, кедровите ядки и стафидите. Оставете да къкри. Сервирайте горещ.

Задушено телешко бутче

Гарето ал вино

Прави 6 порции

В това богато на вкус, бавно приготвено ястие се приготвят дебели филийки телешки бут със зеленчуци и червено вино. Придружаващите сварени зеленчуци се пасират със сока от готвенето, за да се получи вкусен сос за месото. Сервирайте с гарнитура от картофи или полента или полейте малко сос<u>Картофени ньоки</u>.

2 супени лъжици несолено масло

1 супена лъжица зехтин

3 (дебели 1 1/2 инча) филийки телешки джолан (около 3 паунда), добре подрязани

Сол и прясно смлян черен пипер

4 нарязани моркова

3 ребра целина, нарязани

1 голяма глава лук нарязана

2 чаши сухо червено вино

1 дафинов лист

1. В голяма холандска фурна или друг дълбок, тежък съд с плътно прилягащ капак, разтопете маслото с олиото. Подсушете месото и го запечете добре от всички страни, около 10 минути. Поръсете със сол и черен пипер. Прехвърлете месото в чиния.

2. Добавете зеленчуците и гответе, като разбърквате често, докато покафенеят добре, около 10 минути.

3. Добавете виното и гответе, като стържете дъното на тигана с дървена лъжица. Оставете виното да къкри за 1 минута. Върнете месото в тенджерата и добавете дафиновия лист.

4. Покрийте тигана и намалете котлона до минимум. Ако течността се изпари твърде много, добавете малко топла вода. Гответе 2 1/2 до 3 часа, като от време на време обръщате месото, докато омекне, когато се прободе с нож.

5. Извадете месото в чиния и го покрийте, за да остане топло. Изхвърлете дафиновия лист. Прекарайте зеленчуците през мелница или ги пасирайте в блендер. Опитайте и коригирайте подправките. Загрейте отново, ако е необходимо. Залейте месото със зеленчуковия сос. Сервирайте веднага.

Патладжан, пълнен с месо

Меланзан Рипиен

Прави 4 до 6 порции

Малките патладжани с дължина около три инча са идеални за пълнене. Те са горещи или на стайна температура.

2 1/2 чаши всякаквиКетчуп

8 бейби патладжана

Сол

12 унции смляно говеждо рибай

2 унции нарязан салам или вносно италианско прошуто

1 голямо яйце

1 скилидка чесън наситнена

1/3 чаша сухи галета

1/4 чаша настърган Пекорино Романо или Пармиджано-Реджано

2 супени лъжици наситнен пресен магданоз

Сол и прясно смлян черен пипер

1. Пригответе доматения сос, ако е необходимо. След това поставете решетка в центъра на фурната. Загрейте фурната до 375 ° F. Намажете тава за печене с размери 12 × 9 × 2 инча.

2. Оставете голяма тенджера с вода да заври. Отрежете върховете на патладжаните и ги разполовете по дължина. Добавете патладжаните към водата със сол на вкус. Гответе на слаб огън, докато патладжаните омекнат, 4 до 5 минути. Поставете патладжаните в гевгир, за да се отцедят и охладят.

3. С помощта на малка лъжица извадете месестата част на всеки патладжан, оставяйки кора с дебелина 1/4 инча. Нарежете пулпата и я поставете в голяма купа. Поставете черупките в съда за печене с кожата надолу.

4. Към пулпата от патладжан добавете телешкото месо, салама, яйцето, чесъна, галетата, сиренето, магданоза и сол и черен пипер на вкус. Изсипете сместа в корите на патладжана, като загладите върховете им. Залейте патладжаните с доматения сос.

5.Печете, докато плънката се сготви, около 20 минути. Сервирайте горещ или със стайна температура.

Неаполитански кюфтета

Полпет

Прави 6 порции

Майка ми правеше партида от тези кюфтета веднъж седмично, за да ги добавя към голям съд с рагу. Винаги, когато тя не гледаше, някой вадеше едно от тенджерата, за да яде като закуска. Разбира се, той знаеше това, поради което често правеше двойна партида.

3 чаши<u>неаполитанско рагу</u>или<u>сос маринара</u>

1 килограм смляно говеждо рибай

2 големи яйца, разбити

1 голяма скилидка чесън, смлян на ситно

1 1/2 чаша прясно настъргано Пекорино Романо

1 1/2 чаша галета

2 супени лъжици ситно нарязан пресен плосък магданоз

1 чаена лъжичка сол

прясно смлян черен пипер

- 1/4 чаша зехтин

1. Пригответе рагу или сос, ако е необходимо. След това в голяма купа смесете месото, яйцата, чесъна, сиренето, галетата, магданоза и сол и черен пипер на вкус. С ръце разбъркайте добре всички съставки.

2. Изплакнете ръцете си под студена вода, за да предотвратите залепване, след това леко оформете сместа в 2-инчови топки. (Ако правите кюфтета, които да използвате в лазаня или печено зити, оформете месото на малки топчета с размерите на малко грозде.)

3. Загрейте олио в голям тиган на среден огън. Добавете кюфтенцата и ги запържете, докато покафенеят добре от всички страни, около 15 минути. (Обърнете ги внимателно с щипка.) Прехвърлете кюфтетата в чиния.

4. Прехвърлете кюфтетата в тавата за рагу или доматен сос. Оставете да къкри до готовност, около 30 минути. Сервирайте горещ.

Кюфтета с кедрови ядки и стафиди

Polpette с Pinoli и Uve Secche

Прави 20 2-инчови кюфтета

Тайната на доброто кюфте или сочно кюфте е да добавите хляб или галета към сместа. Хлябът поема месните сокове и ги задържа докато месото се готви. За допълнителна хрупкава външност, тези кюфтета също се овалват в галета преди готвене. Тази рецепта ми беше дадена от моя приятел Кевин Бенвенути, който притежава деликатес в Уестин, Флорида. Рецептата е от баба му Каролина.

Някои готвачи обичат да пропускат етапа на пържене и да добавят кюфтетата директно към соса. Кюфтетата са по-меки. Предпочитам по-твърдата текстура и по-добрия вкус, който идва от пърженето.

3 чаши неаполитанско рагу или друг кетчуп

1 чаша суха галета

4 филийки италиански хляб, отстранени кората и нарязани на малки парчета (около 2 чаши)

1 1/2 чаша мляко

2 паунда смесено смляно говеждо, говеждо и свинско месо

4 големи яйца, леко разбити

2 скилидки чесън нарязани на ситно

2 супени лъжици ситно нарязан пресен плосък магданоз

1/2 чаша стафиди

1/2 чаша кедрови ядки

½ чаша настърган Пекорино Романо или Пармиджано-Реджано

1 1/2 чаени лъжички сол

¼ чаена лъжичка прясно смляно индийско орехче

прясно смлян черен пипер

1/4 чаша зехтин

1. Пригответе рагу или сос, ако е необходимо. Поставете галетата в плитка купа. След това накиснете хляба в млякото за 10 минути. Отцедете хляба и изстискайте излишната течност.

2. В голяма купа смесете месото, хляба, яйцата, чесъна, магданоза, стафидите, кедровите ядки, сиренето, сол,

индийско орехче и черен пипер на вкус. С ръце разбъркайте добре всички съставки.

3. Изплакнете ръцете си под студена вода, за да предотвратите залепване, след това леко оформете сместа в 2-инчови топки. Оваляйте леко кюфтенцата в галетата.

4. Загрейте олио в голям тиган на среден огън. Добавете кюфтетата и запържете до златисто кафяво от всички страни, около 15 минути. (Завъртете ги внимателно с щипка).

5. Поставете кюфтенцата в рагуто или соса. Оставете да къкри до готовност, около 30 минути. Сервирайте горещ.

Кюфтета със зеле и домати

Polpettine Stufato c Cavolo

Прави 4 порции

Кюфтетата са едно от онези вкусни ястия, които се правят почти навсякъде, със сигурност във всеки регион на Италия. Италианците обаче никога не сервират кюфтета със спагети. Те чувстват, че тежестта на месото ще надвие деликатните нишки паста. Освен това пастата е първо ястие, а всяко месо, по-голямо от размера на хапка, се сервира като второ ястие. В тази рецепта от Фриули-Венеция Джулия кюфтетата се сервират с бавно приготвено зеле. Това е обилно ястие за сервиране в студена вечер.

2 скилидки чесън нарязани на ситно

2 супени лъжици зехтин

1 малка зелка, настъргана

1 1/2 чаши цели консервирани домати, отцедени, нарязани

Сол

кнедли

1 чаша италиански или френски хляб без коричка, накъсан

1/2 чаша мляко

1 килограм смляно говеждо рибай

1 голямо яйце, разбито

1/2 чаша прясно настъргано Пармиджано-Реджано

1 голяма скилидка чесън, смляна

2 супени лъжици наситнен пресен магданоз

Сол и прясно смлян черен пипер

1/4 чаша зехтин

1. В голяма тенджера гответе чесъна в зехтина на среден огън до леко златисто, около 2 минути. Добавете зелето и разбъркайте добре. Добавете доматите и сол на вкус. Покрийте и оставете да къкри, като разбърквате от време на време, за 45 минути.

2. В средна купа смесете хляба и млякото. Оставете да престои 10 минути, след което изцедете излишното мляко.

3. В голяма купа смесете месо, хляб, яйце, сирене, чесън, магданоз и сол и черен пипер на вкус. С ръце разбъркайте добре всички съставки.

4. Изплакнете ръцете си под студена вода, за да предотвратите залепване, след това леко оформете месната смес в 2-инчови топки. Загрейте олио в голям тиган на среден огън. Изпържете кюфтенцата до златиста коричка от всички страни. (Обърнете ги внимателно с щипка.) Прехвърлете кюфтетата в чиния.

5. Ако в тенджерата със зелето има много течност, оставете капака отворен и гответе до редуциране. Добавете кюфтетата и отгоре зелето. Гответе още 10 минути. Сервирайте горещ.

Кюфтета по Болоня

Polpette alla Bolognese

Прави 6 порции

Тази рецепта е моя адаптация на ястие от Trattoria Gigina в Болоня. Въпреки че е домашно като всяка рецепта за кюфтета, болонята в месната смес и сметаната в доматения сос го правят да изглежда малко по-изтънчено.

Потапяне

1 малка глава лук, нарязана на ситно

1 среден морков, нарязан на ситно

1 малко ребърце целина, нарязано на ситно

2 супени лъжици зехтин

1 1/2 чаши доматено пюре

1 1/2 чаша тежка сметана

Сол и прясно смлян черен пипер

кнедли

1 килограм постно говеждо месо

8 унции болоня

½ чаша прясно настъргано Пармиджано-Реджано

2 големи яйца, разбити

½ чаша сухи галета

1 чаена лъжичка морска или кошер сол

1/4 чаена лъжичка смляно индийско орехче

прясно смлян черен пипер

1. Пригответе соса: В голяма тенджера или дълбок, тежък тиган запържете лука, моркова и целината в зехтина на среден огън, докато станат златисти и омекнали, около 10 минути. Добавете домата, сметаната, сол и черен пипер на вкус. Оставете да къкри.

2. Пригответе кюфтетата: Поставете съставките за кюфтетата в голяма купа. С ръце разбъркайте добре всички съставки. Изплакнете ръцете си под студена вода, за да предотвратите залепване, след това леко оформете сместа в 2-инчови топки.

3.Прехвърлете кюфтенцата във врящия сос. Покрийте и гответе, като от време на време обръщате кюфтетата, докато се сварят, около 20 минути. Сервирайте горещ.

кюфтета в марсала

Полпет ал Марсала

Прави 4 порции

Моят приятел Артър Шварц, специалист по готвене в Неапол, ми описа тази рецепта, която според него е много популярна в Неапол.

1 чаша италиански хляб без коричка, нарязан на хапки

1/4 чаша мляко

Около 1/2 чаша универсално брашно

1 килограм кръгло смляно говеждо месо

2 големи яйца, разбити

1/2 чаша прясно настъргано Пармиджано-Реджано

1/4 чаша нарязана шунка

2 супени лъжици наситнен пресен магданоз

Сол и прясно смлян черен пипер

3 супени лъжици несолено масло

¹1/2 чаша суха Марсала

½ чаша домашно<u>Месен бульон</u>или телешки бульон от магазина

1. В малка купа накиснете хляба в млякото за 10 минути. Изцедете течността. Поставете брашното в плитка купа.

2. В голяма купа сложете хляба, месото, яйцата, сиренето, шунката, магданоза, солта и черния пипер. С ръце разбъркайте добре всички съставки. Изплакнете ръцете си под студена вода, за да предотвратите залепване, след това леко оформете сместа в осем 2-инчови топки. Оваляйте топките в брашно.

3. В тиган, достатъчно голям, за да побере всички кюфтета, разтопете маслото на средно слаб огън. Добавете кюфтетата и гответе, като внимателно обръщате с щипки, докато покафенеят добре, около 15 минути. Добавете марсалата и бульона. Гответе, докато течността намалее и кюфтетата се сварят, 4 до 5 минути. Сервирайте горещ.

Кюфте, в стил Стар Неапол

Polpettone di Santa Chiara

Прави 4 до 6 порции

Тази рецепта изисква печене във фурната, въпреки че първоначално хлябът се запичаше изцяло в тиган и след това се приготвяше с малко вино в покрит тиган. Твърдо сварените яйца в центъра създават ефект на бичево око, когато лентата се среже. Въпреки че тази рецепта изисква цялото говеждо месо, сместа от смляно месо работи добре.

2/3 чаша еднодневен италиански хляб без коричка

1/3 чаша мляко

1 килограм кръгло смляно говеждо месо

2 големи яйца, разбити

Сол и прясно смлян черен пипер

4 унции непушена шунка, нарязана

1/2 чаша нарязано сирене Пекорино Романо или проволоне

4 супени лъжици сухи галета

2 твърдо сварени яйца

1. Поставете решетка в центъра на фурната. Загрейте фурната до 350 ° F. Намажете 9-инчова квадратна тава за печене.

2. Накиснете хляба в млякото за 10 минути. Изстискайте хляба, за да отстраните излишната течност.

3. В голяма купа смесете месото, хляба, яйцата и сол и черен пипер на вкус. Добавете шунка и сирене.

4. Върху голям лист восъчна хартия разстелете половината от галета върху парче восъчна хартия. Разстелете половината от месната смес върху хартията в правоъгълник с размери 8 × 4 инча. Поставете двете твърдо сварени яйца по дължина на един ред в центъра. Наредете останалата месна смес отгоре, като притиснете месото надолу, за да оформите чист хляб с дължина около 8 инча. Поставете хляба в подготвената тава. Поръсете отгоре и отстрани с останалите трохи.

5. Печете хляба около 1 час или докато вътрешната температура достигне 155°F на термометър за моментално отчитане. Оставете да изстине 10 минути преди да нарежете. Сервирайте горещ.

Печена тенджера с червено вино

Брасато ал Бароло

Прави 6 до 8 порции

Пиемонтските готвачи задушават големи парчета месо в регионалното вино Barolo, но друго обилно сухо червено вино също би свършило работа.

3 супени лъжици зехтин

1 долно кръгло ястие без кост или печено говеждо (около 3 1/2 паунда)

2 унции нарязан бекон

1 среден лук, нарязан

2 скилидки чесън нарязани на ситно

1 чаша сухо червено вино, като Barolo

2 чаши обелени, почистени от семена и нарязани домати

2 домашни чашиМесен бульонили телешки бульон от магазина

2 нарязани моркова

1 резен целина

2 супени лъжици наситнен пресен магданоз

Сол и прясно смлян черен пипер

1. В голяма холандска фурна или друга дълбока, тежка тенджера с плътно прилягащ капак, загрейте маслото на среден огън. Добавете месото и го запечете добре от всички страни, около 20 минути. Подправете на вкус със сол и черен пипер. Прехвърлете в чиния.

2. Обезмаслете всички с изключение на две супени лъжици мазнина. Добавете бекона, лука и чесъна в тенджерата. Гответе, като разбърквате често, докато омекнат, около 10 минути. Добавете виното и оставете да заври.

3. Добавете доматите, бульона, морковите, целината и магданоза. Покрийте съда и оставете течността да къкри. Оставете да къкри, като обръщате месото от време на време, 21/2 до 3 часа или докато омекне, когато се надупчи с вилица.

4. Прехвърлете месото в чиния. Покрийте и дръжте на топло. Ако течността в тенджерата изглежда твърде рядка, увеличете котлона и варете, докато леко се намали. Опитайте соса и коригирайте за подправки. Нарежете месото на филийки и го сервирайте горещо със соса.

Печено в гърне с лучен сос и паста дженовезе

Прави 8 порции

Лук, моркови, прошуто и салам са основните ароматни съставки в това крехко печено. Това е стара неаполитанска рецепта, която за разлика от повечето ястия в района не съдържа домати. Историците обясняват, че преди векове моряците, пътуващи между пристанищата на Генуа и Неапол, носели това ястие със себе си.

Дженовезе беше специалитет на баба ми, която сервираше лучения сос върху мафалда, дълги панделки паста с вълнисти ръбове или дълги фузили. След това нарязаното месо се яде с останалия сос като второ ястие.

2 супени лъжици зехтин

1 долно кръгло ястие без кост или печено говеждо (около 3 1/2 паунда)

Сол и прясно смлян черен пипер

6 до 8 средни глави лук (около 3 паунда), тънко нарязани

6 средни моркова, нарязани на ситно

2 унции салам Генуа, нарязан на тънки ивици

2 унции вносно италианско прошуто, нарязано на тънки ивици

1 килограм мафалде или фузили

Прясно настърган Пармиджано-Реджано или Пекорино Романо

1. Поставете решетка в центъра на фурната. Загрейте фурната до 325 ° F. В голяма холандска фурна или друга дълбока, тежка тенджера с плътно прилягащ капак, загрейте маслото на среден огън. Добавете месото и го запечете добре от всички страни, около 20 минути. Поръсете със сол и черен пипер. Когато месото се запече напълно, го прехвърлете в чиния и отцедете мазнината от тенджерата.

2. Налейте 1 чаша вода в тенджерата и изстържете дъното с дървена лъжица, за да разхлабите всички запечени парченца. Добавете лука, морковите, салама и прошутото в тенджерата. Върнете печеното в тенджерата. Покрийте и оставете течността да заври.

3. Прехвърлете съда във фурната. Гответе, като от време на време обръщате месото, за 2 1/2 до 3 часа. или до много омекване, когато се надупчат с вилица.

4. Около 20 минути преди месото да е готово, сложете голяма тенджера с вода да заври. Добавете 2 супени лъжици сол, след това макароните, като леко ги натиснете надолу, докато се покрият напълно с вода. Гответе, докато стане ал денте, просто крехък, но твърд на хапка.

5. Когато е готово, прехвърлете месото в чиния. Покрийте и дръжте на топло. Оставете соса леко да се охлади. Пюрирайте съдържанието на тенджерата, като прекарате през мелница за храна или смесите в кухненски робот или блендер. Опитайте и коригирайте подправките. Върнете соса в тенджерата с месото. Загрейте леко.

6. Сервирайте малко сос върху пастата. Поръсете със сиренето. Загрейте отново соса и месото, ако е необходимо. Нарежете месото на филийки и сервирайте като второ ястие с останалия сос.

Сицилианско пълнено телешко руло

фарсумагру

Прави 6 порции

Farsumagru, на сицилиански диалект, или *falsomagro*, на стандартен италиански, означава „фалшиво слаб". Името вероятно е препратка към богатия пълнеж в тънкия резен месо. Има много вариации на това ястие. Някои готвачи използват резен телешко вместо говеждо за външното руло и смляно телешко или говеждо месо в пълнежа вместо свинска наденица. Понякога вместо прошуто се използва шунка, салам или панчета. Други готвачи добавят зеленчуци като картофи или грах към врящия сос.

Най-трудната част от тази рецепта е получаването на един резен месо с размери около 8 × 6 × 1/2 инча, който може да бъде начукан до дебелина 1/4 инча. Помолете вашия месар да го нареже вместо вас.

12 унции италианска свинска наденица, с отстранени обвивки

1 разбито яйце

1 1/2 чаша прясно настъргано Пекорино Романо

¼ чаша фини сухи галета

2 супени лъжици наситнен пресен магданоз

1 скилидка чесън наситнена

Сол и прясно смлян черен пипер

1 фунт обезкостена кръгла пържола с дебелина 1/2 инча

2 унции вносно италианско прошуто, тънко нарязано

2 твърдо сварени яйца, обелени

3 супени лъжици зехтин

1 ситно нарязан лук

1 1/2 чаша сухо бяло вино

1 (28-унция) консерва смачкани домати

1 чаша вода

1. В голяма купа смесете заедно свинското месо, яйцето, сиренето, галетата, магданоза, чесъна и сол и черен пипер на вкус.

2. Поставете голямо парче найлоново фолио върху равна повърхност и поставете месото отгоре. Поставете втори

найлонов лист върху месото и го почукайте внимателно, за да сплеснете месото, докато стане с дебелина около 1/4 инча.

3. Изхвърлете горния пластмасов лист. Поставете резените шунка серано върху месото. Разстелете месната смес върху шунката, оставяйки 1/2-инчова граница наоколо. Поставете твърдо сварените яйца на един ред от едната дълга страна на месото. Сгънете месото по дължина върху яйцата и пълнежа и навийте като желирано руло, като използвате долния лист найлоново фолио, за да ви помогне да навиете. С памучен кухненски канап завържете ролката на интервали от 1 инч като сноп.

4. Загрейте олиото на среден огън в голяма холандска фурна или друг дълбок, тежък съд с плътно прилягащ капак. Добавете питката и запържете добре от едната страна, около 10 минути. Обърнете месото с щипки и разпръснете лука от всички страни. Запържете месото от другата страна, около 10 минути.

5. Добавете виното и оставете да заври. Добавете смлените домати и водата. Покрийте тигана и гответе, като от време на време обръщате месото, около 1 1/2 часа или докато месото омекне, когато се надупчи с вилица.

6. Прехвърлете месото в чиния. Оставете месото да се охлади 10 минути. Отстранете конците и нарежете рулото на 1/2-инчови филийки. Поставете филийките в топъл съд. Загрейте отново соса, ако е необходимо. Залейте месото със соса и сервирайте.

Печено филе с маслинен сос

Филе изцяло маслиново

Прави 8 до 10 порции

Крехката печена пържола е подходяща за изискана вечеря. Сервирайте горещ или на стайна температура с вкусен маслинов сос или заместител<u>Слънчев доматен сос</u>. Никога не гответе това парче месо повече от средно изпечено, или ще бъде сухо.

<u>маслинов сос</u>

3 супени лъжици зехтин

2 супени лъжици балсамов оцет

1 чаена лъжичка сол

прясно смлян черен пипер

1 телешко филе, подрязано и завързано (около 4 паунда)

1 супена лъжица нарязан пресен розмарин

1. Пригответе соса, ако е необходимо. Разбийте заедно олиото, оцета, солта и обилно смлян черен пипер. Поставете месото в голяма тава за печене и го залейте с маринатата, като обърнете месото, така че да се покрие от всички страни. Покрийте тавата с алуминиево фолио и мариновайте за 1 час на стайна температура или до 24 часа в хладилник.

2. Поставете решетка в центъра на фурната. Загрейте фурната до 425 ° F. Печете месото на грил за 30 минути или докато температурата в най-дебелата част достигне 125 ° F за средно печене на термометър с незабавно отчитане. Прехвърлете печеното от фурната в чиния.

3. Оставете да почине 15 минути преди разрязване. Нарежете месото на 1/2-инчови филийки и сервирайте горещо или на стайна температура със соса.

Смесени варени меса

Смесен кок

Прави 8 до 10 порции

Bollito misto, което означава „сварено смесено", е комбинация от месо и зеленчуци, задушени в кипяща течност. В Северна Италия пастата се добавя към бульона, за да се направи първо ястие. Месото се нарязва и след това се поднася с различни сосове. Bollito misto е много празнично и прави впечатляваща вечеря за тълпата.

Всеки регион има свой собствен начин да го направи. Пиемонтците настояват да се прави със седем вида месо и да се сервира с доматен сос и чушка. Зеленият сос е може би най-традиционният, докато в Емилия-Романя и Ломбардия е типичен mostarda, плодове, консервирани в сироп от сладка горчица. Mostarda може да се закупи в много италиански пазари и гурме магазини.

Въпреки че кифличката мисто не е трудна за приготвяне, тя изисква дълго време за готвене. Оставете около четири часа от момента, в който включите отоплението. Когато всички меса се сварят, може да престоят още час на топло в тенджерата. За варенето на котечиното или друга едра наденица е необходима отделна тенджера, защото мазнината, която отделя, ще направи бульона мазен.

Освен със сосове обичам да сервирам месо със задушени зеленчуци като моркови, тиквички и картофи.

1 голям зрял домат, разполовен и почистен от семките

4 стръка магданоз с дръжките

2 ребра целина с листа, едро нарязани

2 големи моркова, едро нарязани

1 голяма глава лук, нарязана на едро

1 скилидка чесън

1 печено говеждо без кост, около 3 паунда

Сол

<u>Зелен сосилиЧервен пипер и доматен сос</u>

1 телешка плешка без кост, навита и вързана, около 3 паунда

1 cotechino или друга голяма чеснова наденица, около 1 фунт

1 цяло пиле, около 3 1/2 паунда

1. В тенджера от 5 галона или две по-малки тенджери със същия капацитет смесете зеленчуците и 3 литра вода. Оставете да къкри на среден огън.

2. Добавете месото и 2 чаени лъжички сол. Гответе 1 час, след като течността отново заври. През това време пригответе соса, ако е необходимо.

3. Добавете говеждо към тенджера; след като течността отново заври, гответе 1 час. Ако е необходимо, долейте още вода, за да се покрият месата.

4. В отделна тенджера комбинирайте котечиното с вода, за да покриете 1 инч. Покрийте и оставете да къкри. Гответе 1 час.

5. Добавете пилешкото в тенджерата с говеждото и месото. Оставете да заври и гответе, като обърнете пилето веднъж или два пъти, в продължение на 1 час или докато всички меса омекнат, когато се надупчат с вилица.

6. С голяма лъжица отстранете мазнината от повърхността на бульона. Опитайте и коригирайте солта. (Ако сервирате бульона като предястие, прецедете част от бульона в

тенджера, като оставите месото с останалия бульон в тенджерата, за да се затопли. Оставете бульона да заври и сварете пастата в него. Сервирайте горещо с Пармиджано Реджано .)

7.Пригответе голямо загрято блюдо. Нарежете месото на филийки и ги наредете в купа. Залейте с малко бульон. Поднесете нарязаното месо веднага със сосове по избор.

Мариновани свински пържоли на скара

Braciole di Maiale ai Ferri

Прави 6 порции

Това е страхотна рецепта за бързи летни вечери. За да проверите дали свинските котлети са сготвени, направете малък разрез близо до костта. Месото все още трябва да е леко розово.

1 чаша сухо бяло вино

1/4 чаша зехтин

1 малка глава лук, нарязана на ситно

1 скилидка чесън наситнена

1 супена лъжица нарязан пресен розмарин

1 супена лъжица пресен градински чай

6 нарязани в центъра котлети от свинско филе, с дебелина около 3/4 инча

Резенчета лимон, за украса

1. Комбинирайте вино, олио, лук, чесън и билки в съд за печене, достатъчно голям, за да побере котлетите на един слой. Добавете котлети, покрийте и охладете за поне 1 час.

2. Поставете скара за барбекю или скара на около 5 инча от източника на топлина. Загрейте предварително грил или барбекю. Подсушете котлетите с хартиени кърпи.

3. Печете месото на грил за 5 до 8 минути или докато покафенее добре. Обърнете котлетите с щипки и гответе от другата страна за 6 минути или докато станат златистокафяви и леко розови, когато се нарежат близо до костта. Сервирайте горещ, гарниран с резени лимон.

Ребра, стил Фриули

Cпитатура на Maiale alla Friulana

Прави 4 до 6 порции

Във Fruili ребрата се задушават, докато месото омекне и се отдели от костите. Сервирайте ги с картофено пюре или обикновено ризото.

2 домашни чашиМесен бульонили телешки бульон от магазина

3 килограма свински ребра, нарязани на отделни ребра

³1/4 чаша универсално брашно

Сол и прясно смлян черен пипер

3 супени лъжици зехтин

1 голяма глава лук нарязана

2 средни моркова, нарязани

¹1/2 чаша сухо бяло вино

1. Пригответе бульона, ако е необходимо. Подсушете ребрата с хартиени кърпи.

2. Върху парче восъчна хартия смесете брашното, солта и черния пипер на вкус. Оваляйте ребрата в брашното, след това разклатете, за да отстраните излишъка.

3. В широка, тежка тенджера загрейте олиото на среден огън. Добавете толкова ребра, колкото ще се поберат удобно в един слой и запържете добре от всички страни, около 15 минути. Прехвърлете ребрата в чиния. Повторете, докато всички ребра станат златисти. Отцедете всичко освен 2 супени лъжици мазнина.

4. Добавете лука и морковите в тигана. Гответе, като разбърквате от време на време, докато стане леко златисто, около 10 минути. Добавете виното и гответе 1 минута, като изгребвате и разбърквате всички запечени парчета на дъното на тигана с дървена лъжица. Върнете ребрата в тигана и добавете бульона. Оставете течността да заври. Намалете топлината до ниска, покрийте и гответе, като разбърквате от време на време, около 1 1/2 часа или докато месото стане много крехко и се отдели от костите. (Добавете вода, ако месото стане твърде сухо.)

5. Прехвърлете ребрата в топла чиния за сервиране и сервирайте веднага.

Ребра с доматен сос

Spuntature към Pomodoro

Прави 4 до 6 порции

Съпругът ми и аз имахме ребра като тези в любима остерия, непринуден ресторант в семеен стил в Рим, наречен Enoteca Corsi. Отворено е само за обяд и менюто е много ограничено. Но всеки ден се пълни с тълпи работници от близките офиси, привлечени от много справедливите цени и вкусната домашно приготвена храна.

2 супени лъжици зехтин

3 килограма свински ребра, нарязани на отделни ребра

Сол и прясно смлян черен пипер

1 средно голяма глава лук, нарязана на ситно

1 среден морков, нарязан на ситно

1 бейби целина, ситно нарязано

2 скилидки чесън нарязани на ситно

4 листа градински чай, нарязани

¹1/2 чаша сухо бяло вино

2 чаши консервирани смачкани домати

1. В холандска фурна или тежка широка тенджера загрейте олиото на среден огън. Добавете достатъчно ребра, за да се поберат удобно в тигана. Запържете ги добре от всички страни, около 15 минути. Прехвърлете ребрата в чиния. Поръсете със сол и черен пипер. Продължете с останалите ребра. Когато всичко е готово, отделете с лъжица всичко освен 2 супени лъжици мазнина.

2. Добавете лука, моркова, целината, чесъна и градинския чай и гответе, докато омекнат, около 5 минути. Добавете виното и оставете да къкри за 1 минута, като разбърквате с дървена лъжица и изгребвате и смесвате всички покафенели парчета на дъното на тигана.

3. Върнете ребрата в тигана. Добавете доматите, сол и черен пипер на вкус. Гответе от 1 до 1 1/2 часа или докато ребрата омекнат много и месото падне от костите.

4. Прехвърлете ребрата и доматения сос в чиния за сервиране и сервирайте веднага.

Ребра с подправки, по тоскански

Spuntature alla Toscana

Прави 4 до 6 порции

С приятели от компанията за зехтин Лучини посетих дома на производителите на маслини в региона Кианти в Тоскана. Нашата група журналисти обядваха в маслинова горичка. След няколко брускета и салами ни сервираха пържола, наденица, ребра и зеленчуци, всички печени на лозови резници. Свинските ребра, мариновани в пикантен дресинг от зехтин и натрошени подправки, ми бяха любими и всички се опитвахме да познаем какво има в сместа. Канелата и копърът бяха лесни, но всички бяхме изненадани да научим, че друга подправка е звездовиден анасон. Обичам да използвам малки резервни ребра за тази рецепта, но резервните ребра също биха били добри.

2 звездовиден анасон

1 супена лъжица семена от копър

6 плода от хвойна, леко смачкани със страната на тежък нож

1 супена лъжица фина или кашерна морска сол

1 чаена лъжичка канела

1 чаена лъжичка ситно смлян черен пипер

Щипка смлян червен пипер

4 супени лъжици зехтин

4 паунда бебешки гръбни ребра, нарязани на отделни ребра

1. В мелница за подправки или блендер смесете звездовиден анасон, копър, хвойна и сол. Смелете до фино, около 1 минута.

2. В голяма плитка купа смесете съдържанието на мелничката за подправки с канелата и червения и черния пипер. Добавете олиото и разбъркайте добре. Разтрийте сместа върху ребрата. Поставете ребрата в купата. Покрийте с найлоново фолио и охладете за 24 часа, като разбърквате от време на време.

3. Поставете скара за барбекю или скара на около 6 инча от източника на топлина. Загрейте предварително грил или барбекю. Изсушете ребрата, след това изпечете на грил или печете ребрата, като ги обръщате често, докато станат златисто кафяви и се сварят, около 20 минути. Сервирайте горещ.

Ребра и боб

Пунтини и Фагиоли

Прави 6 порции

Когато знам, че ме чака напрегната седмица, обичам да правя такива гювечета. Те стават по-добри само когато са направени предварително и се нуждаят само от бързо претопляне, за да направят задоволителна вечеря. Сервирайте ги с варени зеленчуци като спанак или ендивия или зелена салата.

2 супени лъжици зехтин

3 паунда резервни ребра в провинциален стил, нарязани на отделни ребра

1 нарязан лук

1 нарязан морков

1 скилидка чесън наситнена

2 1/2 паунда пресни домати, обелени, почистени от семена и нарязани на кубчета, или 1 (28-унция) консерва белени домати, нарязани на кубчета

1 стръкче розмарин (3 инча)

1 чаша вода

Сол и прясно смлян черен пипер

3 чаши варени или консервирани канелини или зърна от червени боровинки, отцедени

1. В голяма холандска фурна или друга дълбока, тежка тенджера с плътно прилягащ капак, загрейте маслото на среден огън. Добавете достатъчно ребра, за да се поберат удобно в тигана. Запържете ги добре от всички страни, около 15 минути. Прехвърлете ребрата в чиния. Поръсете със сол и черен пипер. Продължете с останалите ребра. Когато всичко е готово, залейте всичко с изключение на 2 с. л. мазнина.

2. Добавете лука, моркова и чесъна в тенджерата. Гответе, като разбърквате често, докато зеленчуците омекнат, около 10 минути. Добавете ребрата, след това доматите, розмарина, водата и сол и черен пипер на вкус. Оставете да заври и гответе 1 час.

3. Добавете боба, покрийте и гответе 30 минути или докато месото стане много крехко и се отдели от костта. Опитайте и коригирайте подправките. Сервирайте горещ.

Пикантни свински пържоли с кисели чушки

Braciole di Maiale с пеперончини

Прави 4 порции

Маринованите люти чушки и маринованите сладки чушки правят добър дресинг за сочни свински пържоли. Регулирайте пропорциите на лютите чушки и сладките чушки по ваш вкус. Сервирайте ги с пържени картофи.

2 супени лъжици зехтин

4 изрязани в центъра котлети от свинско филе, всяка с дебелина около 1 инч

Сол и прясно смлян черен пипер

4 скилидки чесън, нарязани на тънко

1 1/2 чаши нарязани мариновани сладки чушки

1/4 чаша нарязани мариновани люти чушки, като перончини или халапеньо, или повече сладки чушки

2 супени лъжици сок от ескабече или бял винен оцет

2 супени лъжици наситнен пресен магданоз

1. В голям тежък тиган загрейте олиото на средно висока температура. Подсушете котлетите с хартиени кърпи, след което ги поръсете със сол и черен пипер. Гответе котлетите до златисто кафяво, около 2 минути, след това обърнете с щипки и запържете от другата страна, още около 2 минути.

2. Намалете топлината до средна. Разпределете шайбите чесън около котлетите. Покрийте тигана и гответе 5 до 8 минути или докато котлетите омекнат и леко порозовеят, когато се нарежат близо до костта. Регулирайте топлината, така че чесънът да не стане тъмнокафяв. Прехвърлете котлетите в чиния за сервиране и ги покрийте, за да се затоплят.

3. Добавете сладките и лютите чушки и сока от кисели краставички или оцета в тигана. Гответе, като разбърквате, за 2 минути или докато чушките се загреят и соковете станат сиропирани.

4. Добавете магданоза. Изсипете съдържанието на тигана върху котлетите и сервирайте веднага.

Свински пържоли с розмарин и ябълки

Braciole al Mele

Прави 4 порции

Сладко-киселият вкус на ябълките е идеално допълнение към свинските пържоли. Тази рецепта е от Фриули-Венеция Джулия.

4 нарязани в центъра свински котлети, всеки с дебелина около 1 инч

Сол и прясно смлян черен пипер

1 супена лъжица нарязан пресен розмарин

1 супена лъжица несолено масло

4 ябълки голдън делишес, обелени и нарязани на 1/2-инчови парчета

1/2 чаша Пилешка супа

1. Изсушете месото с хартиени кърпи. Поръсете котлетите от двете страни със сол, черен пипер и розмарин.

2. В голям тежък тиган разтопете маслото на среден огън. Добавете котлети и гответе, докато покафенеят добре от

едната страна, около 2 минути. Обърнете котлетите с щипки и ги запечете от другата страна, още около 2 минути.

3. Разпределете ябълките около котлетите и залейте с бульона. Покрийте съда и намалете котлона. Гответе 5 до 10 минути, като обръщате котлетите веднъж, докато омекнат и леко порозовеят, когато се нарежат близо до костта. Сервирайте веднага.

Свински пържоли с гъбен и доматен сос

Costolette di Maiale c Funghi

Прави 4 порции

Когато пазарувате свински пържоли, потърсете пържоли, които са сходни по размер и дебелина, така че да се готвят равномерно. Бели гъби, вино и домати са сосът за тези свински пържоли. Същата обработка е добра и за телешки котлети.

4 супени лъжици зехтин

4 изрязани в центъра котлети от свинско филе, всяка с дебелина около 1 инч

Сол и прясно смлян черен пипер

1/2 чаша сухо бяло вино

1 чаша нарязани пресни или консервирани домати

1 супена лъжица нарязан пресен розмарин

1 пакет (12 унции) бели гъби, леко изплакнати, почистени от дръжките и нарязани наполовина или на четвъртинки, ако са големи

1. В голям тежък тиган загрейте 2 супени лъжици олио на среден огън. Поръсете котлетите със сол и черен пипер. Подредете котлетите в тиган на един слой. Гответе, докато покафенее добре от едната страна, около 2 минути. Обърнете котлетите с щипки и ги запържете от другата страна, още около 1 до 2 минути. Прехвърлете котлетите в чиния.

2. Добавете виното в тигана и оставете да къкри. Добавете доматите, розмарина и сол и черен пипер на вкус. Покрийте и гответе за 10 минути.

3. Междувременно в среден тиган загрейте останалите 2 супени лъжици олио на среден огън. Добавете гъбите, сол и черен пипер на вкус. Гответе, като разбърквате често, докато течността се изпари и гъбите станат златистокафяви, около 10 минути.

4. Върнете свинските пържоли в тигана с доматения сос. Добавете гъбите. Покрийте и гответе още 5 до 10 минути или докато свинското се сготви и сосът стане леко гъст. Сервирайте веднага.

Свински пържоли с манатарки и червено вино

Костолет с гъбички и вино

Прави 4 порции

Запържването на котлети или други парчета месо добавя вкус и подобрява външния им вид. Винаги подсушавайте котлетите, преди да покафенят, тъй като влагата по повърхността ще накара месото да се запари, а не да покафенее. След запичане тези котлети се задушават със сушени манари и червено вино. Докосване на тежка сметана придава на соса гладка текстура и богат вкус.

1 унция сушени манатарки

11/2 чаши топла вода

2 супени лъжици зехтин

4 изрязани в центъра котлети от свинско филе с дебелина около 1 инч

Сол и прясно смлян черен пипер

¹1/2 чаша сухо червено вино

¹1/4 чаша тежка сметана

1. Поставете гъбите в купа с водата. Оставете да престои 30 минути. Извадете гъбите от течността и ги изплакнете добре под течаща вода, като обърнете особено внимание на основата на стъблата, където се събира мръсотия. Отцедете, след това нарежете добре. Изсипете течността за накисване през хартиена цедка с филтър за кафе в купа.

2. В голям тиган загрейте олиото на среден огън. Сухи котлети. Подредете котлетите в тиган на един слой. Гответе, докато покафенеят добре, около 2 минути. Обърнете котлетите с щипки и ги запържете от другата страна, още около 1 до 2 минути. Поръсете със сол и черен пипер. Прехвърлете котлетите в чиния.

3. Добавете виното в тигана и оставете да къкри за 1 минута. Добавете манатарките и тяхната течност за накисване. Намалете топлината до минимум. Оставете да къкри за 5 до 10 минути или докато течността намалее. Добавете сметаната и гответе още 5 минути.

4. Върнете котлетите в тиган. Гответе още 5 минути или докато котлетите се сварят и сосът се сгъсти. Сервирайте веднага.

Свински пържоли със зеле

Костолет ди Майале с Каволо Росо

Прави 4 порции

Балсамовият оцет придава цвят и сладост на червеното зеле и предлага приятен баланс на свинското. Не е необходимо да използвате отлежал балсамов оцет за тази рецепта. Запазете, за да използвате като подправка за сирене или варено месо.

2 супени лъжици зехтин

4 изрязани в центъра котлети от свинско филе с дебелина около 1 инч

Сол и прясно смлян черен пипер

1 голяма глава лук нарязана

2 големи скилидки чесън, смлени на ситно

2 килограма червено зеле, нарязано на тънки ивици

1/4 чаша балсамов оцет

2 супени лъжици вода

1.В голям тиган загрейте олиото на среден огън. Подсушете котлетите с хартиени кърпи. Добавете котлетите в тигана. Гответе, докато покафенеят добре, около 2 минути. Обърнете месото с щипки и запечете другата страна за още около 1 до 2 минути. Поръсете със сол и черен пипер. Прехвърлете котлетите в чиния.

2.Добавете лука към тигана и гответе 5 минути. Добавете чесъна и гответе още 1 минута.

3.Добавете зелето, балсамовия оцет, водата и сол на вкус. Покрийте и гответе, като разбърквате от време на време, докато зелето омекне, около 45 минути.

4.Добавете котлетите в тигана и гответе, като ги обърнете веднъж или два пъти в соса, докато месото се свари и леко порозовее, когато се нареже близо до костта, още около 5 минути. Сервирайте веднага.

Свински пържоли с копър и бяло вино

Braciole di Maiale al Vino

Прави 4 порции

В тигана не остава много сос, когато тези котлети са готови, само една супена лъжица или две концентрирана глазура за овлажняване на месото. Ако предпочитате да не използвате семена от копър, опитайте да ги замените със супена лъжица пресен розмарин.

2 супени лъжици зехтин

4 изрязани в центъра котлети от свинско филе с дебелина около 1 инч

1 скилидка чесън, леко смачкана

Сол и прясно смлян черен пипер

2 супени лъжици семена от копър

1 чаша сухо бяло вино

1. В голям тиган загрейте олиото на средно висока температура. Сухи свински пържоли. Добавете свинските пържоли и чесъна в тигана. Гответе, докато котлетите станат златистокафяви, около 2 минути. Поръсете със

семена от копър и сол и черен пипер. Обърнете котлетите с щипки и ги запържете от другата страна, още около 1 до 2 минути.

2. Добавете виното и оставете да заври. Покрийте и гответе 3 до 5 минути или докато котлетите се сварят и леко порозовеят при нарязване близо до костта.

3. Прехвърлете котлетите в чиния и изхвърлете чесъна. Гответе соковете в тигана, докато се редуцират и станат плътни. Изсипете сока върху котлетите и сервирайте веднага.

Свински пържоли на пица

Braciole alla Pizzaiola

Прави 4 порции

В Неапол свинските пържоли и малките пържоли също могат да бъдат приготвени alla pizzaiola, стил на пицария. Сосът обикновено се сервира върху спагети като първо ястие. Котлетите се сервират като второ ястие със зелена салата. Трябва да има достатъчно сос за половин килограм спагети, със супена лъжица или повече за сервиране с котлетите.

2 супени лъжици зехтин

4 котлета от свински ребра с дебелина около 1 инч

Сол и прясно смлян черен пипер

2 големи скилидки чесън, смлени на ситно

1 кутия (28 унции) белени домати, отцедени и нарязани на кубчета

1 чаена лъжичка сух риган

1 щипка счукан червен пипер

2 супени лъжици наситнен пресен магданоз

1. В голям тиган загрейте олиото на среден огън. Подсушете котлетите и ги поръсете със сол и черен пипер. Добавете котлетите в тигана. Гответе, докато котлетите станат златистокафяви, около 2 минути. Обърнете котлетите с щипки и ги запечете от другата страна, още около 2 минути. Прехвърлете котлетите в чиния.

2. Добавете чесъна в тигана и гответе 1 минута. Добавете доматите, ригана, червения пипер и сол на вкус. Оставете соса да заври. Гответе, като разбърквате от време на време, 20 минути или докато сосът стане гъст.

3. Върнете котлетите в соса. Гответе 5 минути, като обръщате котлетите веднъж или два пъти, докато се сварят и леко порозовеят, когато се нарежат близо до костта. Поръсете с магданоз. Сервирайте веднага или ако използвате сос за спагети, покрийте котлетите с алуминиево фолио, за да се затоплят.

Свински пържоли по Молизе

Пампанела Самартинезе

Прави 4 порции

Тези котлети са пикантни и необичайни. Имаше време, когато готвачите на Молизе изсушаваха собствените си сладки червени чушки на слънце, за да направят червен пипер. Понастоящем в Италия се използва комерсиално произведен сладък пипер. В Съединените щати използвайте червен пипер, внесен от Унгария за най-добър вкус.

Печенето на свински пържоли на скара е трудно, защото могат да изсъхнат толкова лесно. Гледайте ги внимателно и ги гответе само докато месото стане леко розово близо до костта.

¼ чаша червен пипер

2 смлени скилидки чесън

1 чаена лъжичка сол

смлян червен пипер

2 супени лъжици бял винен оцет

4 изрязани в центъра котлети от свинско филе с дебелина около 1 инч

1. В малка купа разбийте червения пипер, чесъна, солта и щедра щипка смлян червен пипер. Добавете оцета и разбъркайте до гладкост. Подредете котлетите в чиния и ги намажете отвсякъде с пастата. Покрийте и охладете за 1 час до една нощ.

2. Поставете скара за барбекю или скара на около 6 инча от източника на топлина. Загрейте предварително грил или барбекю. Гответе свинските котлети, докато покафенеят от едната страна, около 6 минути, след това обърнете месото с щипки и запечете другата страна, още около 5 минути. Нарежете котлети близо до костта; месото трябва да е леко розово. Сервирайте веднага.

Балсамово глазирано свинско филе с рукола и пармезано

Maiale al Balsamico c Insalata

Прави 6 порции

Свинските филета се приготвят бързо и имат ниско съдържание на мазнини. Тук глазираните свински филийки се съчетават с хрупкава салата от рукола. Ако не можете да намерите рукола, заменете я с кресон.

2 свински филета (около 1 паунд всяко)

1 скилидка чесън наситнена

1 супена лъжица балсамов оцет

1 чаена лъжичка мед

Сол и прясно смлян черен пипер

Салата

2 супени лъжици зехтин

1 супена лъжица балсамов оцет

Сол и прясно смлян черен пипер

6 чаши нарязана рукола, изплакната и изсушена

Парче Пармиджано-Реджано

1. Поставете решетка в центъра на фурната. Загрейте фурната до 450 ° F. Намаслете лист за печене, достатъчно голям, за да побере свинското месо.

2. Подсушете свинското с хартиени кърпи. Сгънете тънките краища отдолу, така че да има еднаква дебелина. Поставете филета на разстояние 1 инч едно от друго в тава.

3. В малка купа смесете чесъна, оцета, меда и сол и черен пипер на вкус.

4. Намажете месото със сместа. Поставете свинското във фурната и печете за 15 минути. Налейте 1/2 чаша вода около месото. Печете още 10 до 20 минути или докато станат златисти и омекнали. (Свинското е готово, когато вътрешната температура достигне 150°F на термометър с незабавно отчитане.) Извадете свинското от фурната. Оставете го в тавата и го оставете да почине поне 10 минути.

5. В голяма купа разбийте заедно олиото, оцета, сол и черен пипер на вкус. Добавя се руколата и се залива с дресинга. Наредете руколата в центъра на голяма чиния или отделни чинии.

6. Свинското месо се нарязва на тънко и се подрежда около зеленчуците. Полейте със сок от тигана. С помощта на белачка за зеленчуци с въртящо се острие настържете тънки резени Пармиджано-Реджано върху руколата. Сервирайте веднага.

Свинско филе с билки

Filetto di Maiale alle Erbe

Прави 6 порции

Вече се предлагат свински филета, обикновено опаковани по две в опаковка. Те са постни и крехки, ако не са препечени, въпреки че вкусът е много мек. Печенето им на скара им придава повече вкус и могат да се сервират горещи или на стайна температура.

2 свински филета (около 1 паунд всяко)

2 супени лъжици зехтин

2 супени лъжици нарязан пресен градински чай

2 супени лъжици нарязан пресен босилек

2 супени лъжици нарязан пресен розмарин

1 скилидка чесън наситнена

Сол и прясно смлян черен пипер

1. Изсушете месото с хартиени кърпи. Подредете свинските филета в чиния.

2. В малка купа разбийте заедно олиото, билките, чесъна и сол и черен пипер на вкус. Втрийте сместа върху филетата. Покрийте и охладете поне 1 час или до една нощ.

3. Загрейте предварително грил или барбекю. Печете филетата на скара за 7 до 10 минути или докато покафенеят. Обърнете месото с щипки и гответе още 7 минути или докато термометърът с незабавно отчитане, поставен в центъра, покаже 150 ° F. Поръсете със сол. Оставете месото да почине 10 минути, преди да го нарежете. Сервирайте горещ или със стайна температура.

Свинско филе по калабрийски с мед и чили

'нкантарата месо

Прави 6 порции

Повече от всеки друг регион на Италия, калабрийските готвачи включват люти чушки в готвенето си. Лютите се използват пресни, сушени, смлени или натрошени на люспи или прах, като червен пипер или кайен.

В Кастровилари съпругът ми и аз ядохме в *Locanda di Alia*, елегантен ресторант и селска странноприемница. Най-известният ресторант в региона се държи от братята Алиа. Гаетано е главният готвач, докато Пинучио се грижи за предната част на къщата. Техният специалитет е свинско, мариновано с копър и люти чушки в сос от мед и чили. Пинучо обясни, че рецептата, която е на поне двеста години, е направена със свинско месо, което е било осолено и сушено в продължение на няколко месеца. Това е по-рационализиран начин да го направите.

Прашецът от копър може да се намери в много специализирани магазини за билки и подправки.

(ВижтеИзточници.) Може да се използват счукани семена от копър, ако няма прашец.

2 свински филета (около 1 паунд всяко)

2 супени лъжици мед

1 чаена лъжичка сол

1 чаена лъжичка прашец от копър или счукани семена от копър

Щипка смлян червен пипер

1/2 чаша портокалов сок

2 супени лъжици червен пипер

1. Поставете решетка в центъра на фурната. Загрейте фурната до 425 ° F. Намаслете лист за печене, достатъчно голям, за да побере свинското месо.

2. Прегънете тънките краища на филетата отдолу, така че да имат еднаква дебелина. Поставете филета на разстояние 1 инч едно от друго в тава.

3. В малка купа разбийте заедно меда, солта, прашеца от копър и счукания червен пипер. Намажете месото със

сместа. Поставете свинското във фурната и печете за 15 минути.

4. Изсипете портокаловия сок около месото. Печете още 10 до 20 минути или докато станат златисти и крехки. (Свинското е готово, когато вътрешната температура достигне 150°F на термометър с незабавно отчитане.) Прехвърлете свинското месо върху дъска за рязане. Покрийте с алуминиево фолио и дръжте на топло, докато приготвите соса.

5. Поставете тавата за печене на среден огън. Добавете червения пипер и гответе, като изстържете дъното на тигана, за 2 минути.

6. Нарежете свинското на филийки и го сервирайте със соса.

Печено свинско с картофи и розмарин

Arista di Maiale с Patate

Прави 6 до 8 порции

Всеки обича това свинско печено; прави се лесно и картофите попиват вкуса на свинското месо, докато се готвят заедно в един тиган. Неустоим.

1 обезкостено печено свинско филе (около 3 паунда)

2 супени лъжици нарязан пресен розмарин

2 супени лъжици смлян пресен чесън

4 супени лъжици зехтин

Сол и прясно смлян черен пипер

2 килограма нови картофи, нарязани наполовина или на четвъртинки, ако са големи

1. Поставете решетка в центъра на фурната. Загрейте фурната до 425 ° F. Намаслете тава за печене, достатъчно голяма, за да побере свинското месо и картофите, без да се струпват.

2. В малка купа направете паста с розмарин, чесън, 2 супени лъжици масло и обилно количество сол и черен пипер. Хвърлете картофите в тигана с останалите 2 супени лъжици олио и половината чеснова паста. Избутайте картофите настрани и поставете месото с мазнината нагоре в центъра на тигана. Втрийте или разпределете останалата част от пастата върху цялото месо.

3. Печете 20 минути. Обърнете картофите. Намалете топлината до 350 ° F. Печете още 1 час, като обръщате картофите на всеки 20 минути. Месото е готово, когато вътрешната температура на прасето достигне 150°F на термометър с моментално отчитане.

4. Прехвърлете месото върху дъска за рязане. Покрийте хлабаво с алуминиево фолио и оставете да почине 10 минути. Картофите трябва да са златисти и крехки. Ако е необходимо, усилете котлона и ги варете още малко.

5. Нарежете месото на филийки и го сложете в горещ съд, заобиколен от картофи. Сервирайте горещ.

Свинско филе с лимон

Майале с лимон

Прави 6 до 8 порции

Печено свинско филе с лимонова кора е страхотна неделна вечеря. Сервирам го с бавно сварен боб канелини и зелен зеленчук като броколи или брюкселско зеле.

Намазването на филе с масло е доста лесно да направите сами, ако следвате инструкциите; в противен случай накарайте месаря да се справи.

1 обезкостено печено свинско филе (около 3 паунда)

1 чаена лъжичка лимонова кора

2 скилидки чесън нарязани на ситно

2 супени лъжици наситнен пресен магданоз

2 супени лъжици зехтин

Сол и прясно смлян черен пипер

1 1/2 чаша сухо бяло вино

1. Поставете решетка в центъра на фурната. Загрейте фурната до 425 ° F. Намаслете тава за печене, достатъчно голяма, за да побере месото.

2. В малка купа смесете лимонова кора, чесън, магданоз, олио и сол и черен пипер на вкус.

3. Изсушете месото с хартиени кърпи. За да направите пеперуда на прасето, поставете го върху дъска за рязане. С помощта на дълъг, остър нож, като например нож за обезкостяване или нож за готвач, нарежете свинското месо почти наполовина по дължина, спирайки на около 3/4 инча от едната дълга страна. Отворете месото като книга. Разпределете лимоново-чеснова смес отстрани на месото. Навийте свинско като наденица и завържете с кухненска връв на интервали от 2 инча. Поръсете отвън със сол и черен пипер.

4. Поставете месото с мазнината нагоре в подготвения тиган. Печете 20 минути. Намалете топлината до 350 ° F. Печете още 40 минути. Добавете виното и печете още 15 до 30 минути, или докато температурата на термометър с незабавно отчитане достигне 150°F.

5. Прехвърлете печеното върху дъска за рязане. Покрийте месото хлабаво с алуминиево фолио. Оставете да почине 10 минути преди разрязване. Поставете тигана на котлона на среден огън и намалете малко сока от тигана. Нарежете свинското на филийки и го сложете в чиния за сервиране. Изсипете сока върху месото. Сервирайте горещ.

Свинско каре с ябълки и грапа

Майале с Меле

Прави 6 до 8 порции

Ябълки и лук, комбинирани с грапа и розмарин, придават вкус на това пикантно печено свинско филе от Фриули-Венеция Джулия.

1 обезкостено печено свинско филе (около 3 паунда)

1 супена лъжица нарязан пресен розмарин, плюс още за гарнитура

Сол и прясно смлян черен пипер

2 супени лъжици зехтин

2 Granny Smith или други тръпчиви ябълки, обелени и нарязани на тънко

1 малка глава лук, нарязана на ситно

¼ чаша грапа или бренди

1/2 чаша сухо бяло вино

1. Поставете решетка в центъра на фурната. Загрейте фурната до 350 ° F. Намажете леко тава за печене, достатъчно голяма, за да побере месото.

2. Натрийте свинското с розмарина, сол и черен пипер на вкус и зехтина. Поставете месото с мазнината нагоре в тигана и заобиколете с резенчетата ябълка и лук.

3. Залейте месото с грапата и виното. Печете на скара за 1 час и 15 минути или докато термометърът с незабавно отчитане, поставен в центъра, покаже 150 ° F. Прехвърлете месото върху дъска за рязане и го покрийте с фолио, за да се затопли.

4. Ябълките и лукът трябва да са меки. Ако не, върнете тавата във фурната и печете още 15 минути.

5. Когато омекнат, изстържете ябълките и лука в кухненски робот или блендер. Пюрирайте до гладкост. (Добавете супена лъжица или две топла вода, за да разредите сместа, ако е необходимо.)

6. Нарежете месото на филийки и го сложете на котлон. Оставете пюрето от ябълка и лук настрана. Гарнирайте с пресен розмарин. Сервирайте горещ.

Свинско печено с лешници и сметана

Arrosto di Maiale alle Nocciole

Прави 6 до 8 порции

Това е вариация на рецепта за печено свинско по Пиемонт, която за първи път се появи в моята книга Италианска коледна кухня. Тук сметаната, заедно с лешниците, обогатява соса.

1 обезкостено печено свинско филе (около 3 паунда)

2 супени лъжици нарязан пресен розмарин

2 големи скилидки чесън, смлени на ситно

2 супени лъжици зехтин

Сол и прясно смлян черен пипер

1 чаша сухо бяло вино

½ чаша лешници, препечени, без кожа и едро нарязани (вж.Как да печем и обелваме ядки)

1 домашно приготвена чашаМесен бульонилиПилешка супа, или купен от магазина пилешки или телешки бульон

¹1/2 чаша тежка сметана

1. Поставете решетка в центъра на фурната. Загрейте фурната до 425 ° F. Намаслете тава за печене, достатъчно голяма, за да побере месото.

2. В малка купа смесете розмарина, чесъна, олиото и сол и черен пипер на вкус. Поставете месото с мазнината нагоре в тиган. Натрийте чесновата смес върху цялото свинско месо. Печете месото на скара 15 минути.

3. Залейте месото с виното. Гответе още 45 до 60 минути или докато температурата на свинското месо достигне 150°F на термометър с незабавно отчитане и месото стане крехко, когато се пробие с вилица. През това време пригответе лешниците, ако е необходимо.

4. Прехвърлете месото върху дъска за рязане. Покрийте с алуминиево фолио, за да се затопли.

5. Поставете тигана на среден огън на котлона и оставете соковете да заври. Добавете бульон и оставете да къкри 5 минути, като изгребвате и разбърквате всички запечени парчета на дъното на тигана с дървена лъжица. Добавете сметаната и оставете да къкри, докато леко се сгъсти, още

около 2 минути. Добавете нарязаните ядки и отстранете от огъня.

6.Нарежете месото на филийки и ги сложете в гореща чиния за сервиране. Свинското се залива със соса и се сервира горещо.

тосканско свинско филе

Хребетът на Майале

Прави 6 до 8 порции

Ето едно класическо свинско печено в тоскански стил. Готвенето на месо с кости го прави много по-ароматно, а костите са чудесни и за гризане.

3 големи скилидки чесън

2 супени лъжици пресен розмарин

Сол и прясно смлян черен пипер

2 супени лъжици зехтин

1 печено ребро с кост, централно изрязано, около 4 паунда

1 чаша сухо бяло вино

1. Поставете решетка в центъра на фурната. Загрейте фурната до 325 ° F. Намаслете тава за печене, достатъчно голяма, за да побере печеното.

2. Чесънът и розмаринът се нарязват много ситно, след което се поставят в малка купа. Добавете сол и черен пипер на

вкус и разбъркайте добре, за да образувате паста. Поставете печеното с мазнина нагоре в тава. С помощта на малък нож направете дълбоки разрези по цялата повърхност на прасето, след което поставете сместа в разрезите. Намажете цялото печено със зехтин.

3. Печете 1 час и 15 минути или докато месото достигне вътрешна температура от 150°F на термометър с незабавно отчитане. Прехвърлете месото върху дъска за рязане. Покрийте с алуминиево фолио, за да се затопли. Оставете да престои 10 минути.

4. Поставете тигана на слаб огън на котлона. Добавете виното и гответе, като изгребвате и разбърквате всички запечени парченца на дъното на тигана с дървена лъжица, докато леко се редуцират, около 2 минути. Изсипете соковете през цедка в купа и отстранете мазнината. Загрейте отново, ако е необходимо.

5. Нарежете месото на филийки и го сложете в чиния за сервиране. Сервирайте горещ със сока от тигана.

Печена свинска плешка с копър

порчета

Прави 12 порции

Това е моята представа за страхотното печено свинско, известно като порчета, което се продава в цяла централна Италия, включително Лацио, Умбрия и Абруцо. Свинските филийки се продават от специални камиони, като можете да ги поръчате на сандвич или увити в хартия за вкъщи. Въпреки че месото е вкусно, хрупкавата свинска кожа е най-добрата част.

Печеното се готви дълго и на висока температура, защото е много плътно. Високото съдържание на мазнини поддържа месото влажно и кожата става кафява и хрупкава. Свинската плешка може да се замени с прясна шунка.

1 (7 фунта) печена свинска плешка

8 до 12 скилидки чесън

2 супени лъжици нарязан пресен розмарин

1 супена лъжица семена от копър

1 супена лъжица сол

1 чаена лъжичка прясно смлян черен пипер

1/4 чаша зехтин

1. Около 1 час преди да започнете да печете месото, го извадете от хладилника.

2. Нарежете чесъна, розмарина, копъра и солта на ситно, след което сложете подправките в малка купа. Добавете черен пипер и масло, за да образувате гладка паста.

3. С помощта на малък нож направете дълбоки разрези по повърхността на прасето. Поставете пастата в слотовете.

4. Поставете решетка в долната третина на фурната. Загрейте фурната до 350 ° F. Когато сте готови, поставете печеното във фурната и гответе 3 часа. Отстранете излишната мазнина с лъжица. Печете месото на скара 1 до 1 1/2 часа повече или докато температурата достигне 160°F на термометър с незабавно отчитане. Когато месото е готово, мазнината ще бъде хрупкава и тъмнокафява на цвят.

5. Прехвърлете месото върху дъска за рязане. Покрийте с алуминиево фолио, за да остане топло и оставете да

престои 20 минути. Нарежете и сервирайте горещо или със стайна температура.

Печено прасенце

Майалино Арросто

Прави 8 до 10 порции

Сукалче е прасе, на което не е разрешено да яде храна за възрастни прасета. В Съединените щати прасенцата обикновено тежат между 15 и 20 паунда, въпреки че в Италия са наполовина по-малки. Дори и при най-високото тегло, наистина няма много месо в едно сукалче, така че не планирайте да обслужвате повече от осем до десет гости. Също така се уверете, че имате много голяма тава за печене, за да побере цяла смукалка, която ще бъде дълга около 30 инча, и се уверете, че вашата фурна ще побере тавата с листа. Всеки добър месар трябва да може да ви осигури прясно сукалче, но направете проучване, преди да планирате.

Готвачите от Сардиния са известни със своето сукалче, но аз съм го ял на много места в Италия. Този, който помня най-добре, беше част от незабравим обяд във винарната Majo di Norante в Абруцо.

1 сукалче, около 15 паунда

4 скилидки чесън

2 супени лъжици наситнен пресен магданоз

1 супена лъжица нарязан пресен розмарин

1 супена лъжица пресен градински чай

1 чаена лъжичка наситнени плодове от хвойна

Сол и прясно смлян черен пипер

6 супени лъжици зехтин

2 дафинови листа

1 чаша сухо бяло вино

Ябълка, портокал или друг плод за украса (по желание)

1. Поставете решетка в долната третина на фурната. Загрейте фурната до 425 ° F. Намаслете лист за печене, достатъчно голям, за да побере свинското месо.

2. Изплакнете добре свинското отвътре и отвън и подсушете с хартиени кърпи.

3. Накълцайте чесъна, магданоза, розмарина, салвията и плодовете от хвойна, след което поставете подправките в

малка купа. Добавете обилно количество сол и прясно смлян черен пипер. Добавете две супени лъжици масло.

4. Поставете свинското настрани върху голяма решетка за печене в подготвения тиган и разпределете билковата смес в кухината на тялото. Добавете дафиновите листа. Нарежете прорези с дълбочина около 1/2 инча от двете страни на гръбнака. Втрийте останалото масло по цялата повърхност на прасето. Покрийте ушите и опашката с алуминиево фолио. (Ако искате да сервирате цялото прасе с ябълка или друг плод в устата си, дръжте устата отворена с топка от алуминиево фолио с размера на плода.) Поръсете отвън със сол и черен пипер.

5. Печете свинското на скара 30 минути. Намалете топлината до 350 ° F. Полейте с вино. Печете 2 до 21/2 часа повече или докато термомстър с незабавно отчитане, поставен в месестата част на задницата, регистрира 170 ° F. На всеки 20 минути поливайте със сок от тигана.

6. Прехвърлете свинското месо върху голяма дъска за рязане. Покрийте с алуминиево фолио и оставете да почине за 30 минути. Отстранете фолиевото покритие и фолиевата топка от устата, ако се използва. Сменете топката от фолио

с плодовете, ако ги използвате. Прехвърлете в чиния за сервиране и сервирайте горещо.

7.Обезмаслете мазнината от сока в тигана и оставете да заври. Изсипете сока върху месото. Сервирайте веднага.

Печено свинско филе без подправки

Майале в Порчета

Прави 6 до 8 порции

Свинското филе без кост се пече със същите подправки, използвани за порчетата (прасенце, изпечено на шиш) в много части на централна Италия. След кратък период на готвене на висока температура, температурата на фурната се понижава, което запазва месото крехко и сочно.

4 скилидки чесън

1 супена лъжица пресен розмарин

6 пресни листа градински чай

6 плодове от хвойна

1 чаена лъжичка сол

1 1/2 чаена лъжичка прясно смлян черен пипер

1 обезкостено, изрязано в центъра печено свинско филе, около 3 паунда

Екстра върджин зехтин

1 чаша сухо бяло вино

1. Поставете решетка в центъра на фурната. Загрейте фурната до 450 ° F. Намажете тава за печене, достатъчно голяма, за да побере свинското.

2. Нарежете на ситно чесъна, розмарина, салвията и плодовете от хвойна. Смесете сместа от билки, сол и черен пипер.

3. С помощта на голям остър нож нарежете месото по дължина надолу по средата, оставяйки го прикрепено от едната страна. Отворете месото като книга и намажете месото с две трети от сместа с подправки. Затворете месото и завържете с конец на интервали от 2 инча. Останалата смес от подправки натрийте отвън. Поставете месото в тавата. Полейте със зехтин.

4. Печете свинското на скара 10 минути. Намалете котлона до 300°F и печете още 60 минути, или докато вътрешната температура на свинското достигне 150°F.

5. Извадете печеното в чиния за сервиране и покрийте с алуминиево фолио. Оставете да престои 10 минути.

6. Добавете виното в тигана и го поставете на среден огън върху котлона. Гответе, като изстържете кафявите парчета в тигана с дървена лъжица, докато соковете се намалят и сгъстят. Нарежете свинското месо на филийки и го поставете върху тигана. Сервирайте горещ.

Свинска плешка в мляко на скара

Майале ал лате

Прави 6 до 8 порции

В Ломбардия и Венето телешкото, свинското и пилешкото понякога се приготвят в мляко. Това запазва месото крехко и когато е готово, млякото прави кремообразен кафяв сос, който да сервирате с месото.

Зеленчуци, бекон и вино добавят вкус. За това ястие използвам печена плешка без кост или дупе, защото е много подходящо за бавно, влажно готвене. Месото се пече на котлона, така че не е необходимо да включвате фурната.

1 печена свинска плешка без кост или дупе (около 3 паунда)

4 унции ситно нарязан бекон

1 морков нарязан на ситно

1 малко ребро крехка целина

1 средно голяма глава лук, нарязана на ситно

1 литър мляко

Сол и прясно смлян черен пипер

1/2 чаша сухо бяло вино

1. В голяма холандска фурна или друга дълбока, тежка тенджера с плътно прилягащ капак смесете свинското месо, бекона, моркова, целината, лука, млякото и сол и черен пипер на вкус. Оставете течността да къкри на умерен огън.

2. Покрийте частично тенджерата и гответе на среден огън, като обръщате от време на време, около 2 часа или докато месото омекне, когато се надупчи с вилица.

3. Прехвърлете месото върху дъска за рязане. Покрийте с алуминиево фолио, за да се затопли. Увеличете топлината под тенджерата и гответе, докато течността се редуцира и леко покафенее. Изсипете соковете през цедка в купа, след което изсипете течността обратно в тенджерата

4. Изсипете виното в тенджерата и оставете да къкри, като изгребвате и смесвате с дървена лъжица всички покафенели парчета. Свинското месо се нарязва на филийки и се слага на котлон. Изсипете течността от готвенето отгоре. Сервирайте горещ.

Задушена свинска плешка с грозде

Maiale all 'Uva

Прави 6 до 8 порции

Свинската плешка или филе е особено подходяща за задушаване. Остава хубаво и влажно въпреки дълготo варене. Преди приготвях тази сицилианска рецепта със свинско филе, но сега намирам, че филето е твърде постно и плешката има повече вкус.

1 килограм перлен лук

3 паунда свинско дупе без кост, навито и вързано

2 супени лъжици зехтин

Сол и прясно смлян черен пипер

1/4 чаша бял винен оцет

1 килограм зелено грозде без семки, с дръжки (около 3 чаши)

1. Оставете голяма тенджера с вода да заври. Добавете лука и гответе за 30 секунди. Отцедете и охладете под студена течаща вода.

2. С помощта на остър нож обръснете върха на корените. Не режете краищата твърде дълбоко или лукът ще се разпадне по време на готвене. Отстранете корите.

3. В холандска фурна, достатъчно голяма, за да побере месото, или друга дълбока, тежка тенджера с плътно прилягащ капак, загрейте олиото на средно висока температура. Подсушете свинското с хартиени кърпи. Поставете свинското в тенджерата и запечете добре от всички страни, около 20 минути. Наклонете тенджерата и отстранете мазнината с лъжица. Поръсете свинското със сол и черен пипер.

4. Добавете оцета и оставете да къкри, като изстържете запечените парчета от дъното на тенджерата с дървена лъжица. Добавете лука и 1 чаша вода. Намалете топлината до минимум и оставетс да къкри за 1 час.

5. Добавете гроздето. Гответе още 30 минути или докато месото стане много крехко, когато се надупчи с вилица. Прехвърлете месото върху дъска за рязане. Покрийте с алуминиево фолио, за да остане топло и оставете да почине 15 минути.

6.Свинското месо се нарязва на филийки и се слага на котлон. Залейте със соса от грозде и лук и сервирайте веднага.

Свинска плешка с бира

Maiale alla Birra

Прави 8 порции

Пресни свински бутчета се приготвят по този начин в Трентино-Алто Адидже, но тъй като тази част не е широко достъпна в Съединените щати, използвам същите подправки, за да приготвя плешка с кост. В края на времето за готвене ще има много мазнина, но тя може лесно да се отстрани от повърхността на течността за готвене. Още по-добре, гответе свинското един ден преди сервиране и охладете месото и соковете за готвене отделно. Мазнината ще се втвърди и може лесно да се отстрани. Загрейте свинското месо в течност за готвене преди сервиране.

5 до 7 паунда свинска плешка с кост (пикник или бостънско дупе)

Сол и прясно смлян черен пипер

2 супени лъжици зехтин

1 средно голяма глава лук, нарязана на ситно

2 скилидки чесън нарязани на ситно

2 стръка пресен розмарин

2 дафинови листа

12 унции бира

1. Подсушете свинското с хартиени кърпи. Поръсете месото със сол и черен пипер.

2. В голяма холандска фурна или друга дълбока, тежка тенджера с плътно прилягащ капак, загрейте маслото на среден огън. Поставете свинското в тенджерата и го запечете добре от всички страни, около 20 минути. Отрежете всичко освен 1 до 2 супени лъжици мазнина.

3. Поръсете лука, чесъна, розмарина и дафиновите листа върху месото и гответе 5 минути. Добавете бирата и оставете да заври.

4. Покрийте тенджерата и гответе, като от време на време обръщате месото, за 21/2 до 3 часа, или докато месото омекне при пробождане с нож.

5. Прецедете сока от тигана и отстранете мазнината. Нарежете свинското и сервирайте със сока от тигана. Сервирайте горещ.

Агнешки котлети в бяло вино

Braciole di Agnello в бяло вино

Прави 4 порции

Ето един основен начин за приготвяне на агнешки котлети, които могат да бъдат направени с крехко филе или ребра или по-дъвчащи, но много по-евтини котлети от плешка. За най-добър вкус отрежете излишната мазнина от месото и гответе котлетите до порозовяване в центъра.

2 супени лъжици зехтин

8 котлета от агнешко филе или ребра, с дебелина 1 инч, подрязани

4 скилидки чесън, леко счукани

3 до 4 стръка розмарин (2 инча)

Сол и прясно смлян черен пипер

1 чаша сухо бяло вино

1. В тиган, достатъчно голям, за да побере удобно котлетите на един слой, загрейте олиото на средно висока температура. Когато маслото се загрее, подсушете котлетите. Поръсете котлетите със сол и черен пипер, след което ги поставете в тиган. Гответе, докато котлетите станат златистокафяви, около 4 минути. Поръсете чесъна и розмарина около месото. С помощта на щипки обърнете котлетите и ги запържете от другата страна за около 3 минути. Прехвърлете котлетите в чиния.

2. Добавете виното в тигана и оставете да къкри. Гответе, изстъргвайки и смесвайки всички покафенели парчета на дъното на тигана, докато виното се редуцира и леко се сгъсти, около 2 минути.

3. Върнете котлетите в тиган и гответе още 2 минути, като обърнете в соса веднъж или два пъти, докато порозовеят, когато се нарежат близо до костта. Прехвърлете котлетите в чиния, залейте котлетите със сок от тигана и сервирайте веднага.

Агнешки котлети с каперси, лимон и градински чай

Braciole di Agnello с капери

Прави 4 порции

Vecchia Roma е един от любимите ми римски ресторанти. Далеч от бившето гето, има прекрасна външна градина за хранене, когато времето е топло и слънчево, но също така се наслаждавам на уютните вътрешни трапезарии, когато е студено или дъждовно. Това агнешко е вдъхновено от ястие, което опитах там, приготвено с малки хапки агнешко сукалче. Вместо това го адаптирах към крехките котлети, тъй като те са широко достъпни тук.

1 супена лъжица зехтин

8 котлета от агнешко филе или ребра, с дебелина 1 инч, подрязани

Сол и прясно смлян черен пипер

1/2 чаша сухо бяло вино

3 супени лъжици пресен лимонов сок

3 супени лъжици каперси, изплакнати и нарязани

6 пресни листа градински чай

1. В голям тиган загрейте олиото на средно висока температура. Сухи котлети. Когато олиото се сгорещи, ги поръсете със сол и черен пипер, след което наредете котлетите в тигана. Гответе, докато котлетите станат златистокафяви, около 4 минути. С помощта на щипки обърнете котлетите и ги запържете от другата страна за около 3 минути. Прехвърлете котлетите в чиния.

2. Изсипете мазнината от тигана. Намалете топлината до минимум. Разбъркайте виното, лимоновия сок, каперсите и салвията в тигана. Оставете да заври и гответе 2 минути или докато стане леко сиропиран.

3. Върнете котлетите в тигана и ги обърнете веднъж или два пъти, докато се загреят и порозовеят, когато се нарежат близо до костта. Сервирайте веднага.

хрупкави агнешки котлети

Braciolette Croccante

Прави 4 порции

В Милано имах кози котлети, приготвени по този начин, придружени от сърца от артишок, изпържени в същото хрупкаво тесто. Римляните използват малки агнешки котлети вместо козе и пропускат сиренето. Така или иначе, хрупкава салата е перфектният акомпанимент.

8 до 12 агнешки котлета с ребро, с дебелина около 3/4 инча, добре подрязани

2 големи яйца

Сол и прясно смлян черен пипер

1 1/4 чаши сухи галета

1/2 чаша прясно настъргано Пармиджано-Реджано

зехтин за пържене

1. Поставете котлетите върху дъската за рязане и внимателно начукайте месото до дебелина около 1/2 инча.

2. В плитка чиния разбийте яйцата със сол и черен пипер на вкус. Смесете галетата със сиренето върху лист восъчна хартия.

3. Потопете котлетите един по един в яйцата, след което ги оваляйте в галетата, като ги потупвате добре в трохите.

4. Включете фурната на минимум. Изсипете около 1/2-инч масло в дълбок тиган. Загрейте олиото на средно силен огън, докато малко от яйчената смес се свари бързо, когато се излее в олиото. С помощта на щипки внимателно пуснете част от котлетите в олиото, без да пълните тигана. Гответе до златисто и хрупкаво, 3 до 4 минути. Обърнете котлетите с щипки и запечете, 3 минути. Отцедете котлетите върху хартиена кърпа. Дръжте пържените котлети на топло във фурната, докато пържите останалите. Сервирайте горещ.

Агнешки котлети с артишок и маслини

Costolette di Agnello ai Carciofi e Olive

Прави 4 порции

Всички съставки в това ястие се приготвят в един и същи тиган, така че допълващите се вкусове на агнешкото, артишока и маслините се смесват гладко. Ярък зеленчук като печени моркови или домати би бил хубава гарнитура.

2 супени лъжици зехтин

8 агнешки котлета от ребра или филе, с дебелина около 1 инч, подрязани

Сол и прясно смлян черен пипер на вкус.

2 супени лъжици зехтин

3/4 чаша сухо бяло вино

8 малки или 4 средни артишока, подрязани и нарязани на осмини

1 скилидка чесън наситнена

1/2 чаша меки малки черни маслини, като Gaeta

1 супена лъжица наситнен пресен магданоз

1. В тиган, достатъчно голям, за да побере котлети на един слой, загрейте олио на среден огън. Подсушете агнешкото. Когато олиото се сгорещи, поръсете котлетите със сол и черен пипер, след което ги наредете в тигана. Гответе, докато котлетите станат златистокафяви, 3 до 4 минути. С помощта на щипки обърнете котлетите, за да покафенеят от другата страна, около 3 минути. Прехвърлете котлетите в чиния.

2. Намалете топлината до средно ниска. Добавете виното и оставете да заври. Гответе 1 минута. Добавете артишока, чесъна и сол и черен пипер на вкус. Покрийте тигана и гответе 20 минути или докато артишокът омекне.

3. Добавете маслините и магданоза и гответе още 1 минута. Върнете котлетите в тигана и гответе, като обърнете агнешкото веднъж или два пъти, докато се загреят. Сервирайте веднага.

Агнешки котлети с доматен сос, каперси и аншоа

Costelette d'Agnello в сос

Прави 4 порции

Пикантен доматен сос овкусява тези котлети в стил Калабрезе. Така могат да се приготвят и свински пържоли.

2 супени лъжици зехтин

8 агнешки котлета от ребра или филе, с дебелина около 3/4 инча, подрязани

6 до 8 сливи домати, обелени, почистени от семена и нарязани

4 нарязани филета аншоа

1 супена лъжица каперси, изплакнати и нарязани

2 супени лъжици наситнен пресен магданоз

1. В тиган, достатъчно голям, за да побере удобно котлетите на един слой, загрейте олиото на среден огън. Когато маслото се загрее, подсушете котлетите. Поръсете пържолите със сол и черен пипер, след което добавете

пържолите в тигана. Гответе, докато котлетите станат златистокафяви, около 4 минути. С помощта на щипки обърнете котлетите и ги запържете от другата страна за около 3 минути. Прехвърлете котлетите в чиния.

2.Добавете доматите, аншоата и каперсите в тигана. Добавете щипка сол и черен пипер на вкус. Гответе 5 минути или докато леко се сгъсти.

3.Върнете котлетите в тиган и гответе, като ги обърнете веднъж или два пъти в соса, докато станат горещи и розови, когато се нарежат близо до костта. Поръсете с магданоз и сервирайте веднага.

Агнешки котлети "изгарят пръстите"

Аниело до Скотадито

Прави 4 порции

В рецептата, която е вдъхновила това ястие, от стара умбрийска готварска книга, ситно нарязаната мазнина от прошуто придава вкус на агнешкото. Повечето готвачи днес заместват зехтина. Агнешките котлети също са добри по този начин.

Вероятно името идва от идеята, че котлетите са толкова вкусни, че не можете да не ги изядете веднага: горещи, прясно изпечени на скара или от тиган.

1/4 чаша зехтин

2 скилидки чесън нарязани на ситно

1 супена лъжица нарязан пресен розмарин

1 чаена лъжичка нарязана прясна мащерка

8 агнешки котлета с дебелина около 1 инч, подрязани

Сол и прясно смлян черен пипер

1.В малка купа разбийте заедно олиото, чесъна, билките и сол и черен пипер на вкус. Намажете агнешкото със сместа. Покрийте и охладете за 1 час.

2.Поставете скара или грил на около 5 инча от източника на топлина. Загрейте предварително грил или барбекю.

3.Отстранете част от маринатата. Изпечете котлетите на грил или печете до златисто кафяво и хрупкави, около 5 минути. С помощта на щипки обърнете котлетите и гответе до златисто кафяво и леко розово в центъра, още около 5 минути. Сервирайте горещ.

Агнешко на скара по базиликата

Agnello allo Spiedo

Прави 4 порции

Базиликата може би е най-известна с изображението си в „Христос, арестуван в Еболи" на Карло Леви. Авторът рисува мрачен портрет на региона преди Втората световна война, когато много политически затворници са изпратени в изгнание. Днес Базиликата, макар и все още слабо населена, процъфтява и много туристи се впускат там заради красивите плажове близо до Маратея.

Свинското и агнешкото са типични меса за този регион и двете са комбинирани в тази рецепта. Панчетата, която обвива агнешките кубчета става хрупкава и ароматна. Той поддържа агнешкото влажно и добавя вкус, докато се пече.

1 1/2 фунта обезкостен агнешки бут, нарязан на 2-инчови парчета

2 скилидки чесън нарязани на ситно

1 супена лъжица нарязан пресен розмарин

Сол и прясно смлян черен пипер

4 унции тънко нарязан бекон

1/4 чаша зехтин

2 супени лъжици червен винен оцет

1. Поставете скара за барбекю или скара на около 5 инча от източника на топлина. Загрейте предварително грил или барбекю.

2. В голяма купа хвърлете агнешкото с чесъна, розмарина и сол и черен пипер на вкус.

3. Развийте резените бекон. Увийте резен панчета около всяко парче агнешко.

4. Нанижете агнешкото на дървени шишове, като закрепите панчетата на място с шишчето. Поставете парчетата заедно, без да ги струпвате. В малка купа смесете олиото и оцета. Намажете агнешкото със сместа.

5. Изпечете шишчетата на грил или печете, като ги обръщате от време на време, докато се сварят на вкус; 5 до 6 минути за шишчетата на среден огън. Сервирайте горещ.

Агнешки шишчета на скара

Arrosticini

Прави 4 порции

В Абруцо малките агнешки хапки се мариноват, нанизват се на дървени шишчета и се пекат на скара на горещ огън. Сготвените шишчета се сервират изправени във висока халба или халба и всеки сервира, като яде агнешкото направо от клечките. Идеални са за блок маса, поднесени с печени или сотирани чушки.

2 скилидки чесън

Сол

1 фунт агнешко бутче, подрязано и нарязано на 3/4-инчови парчета

3 супени лъжици екстра върджин зехтин

2 супени лъжици нарязан пресен джоджен

1 чаена лъжичка нарязана прясна мащерка

прясно смлян черен пипер

1. Нарежете чесъна на много ситно. Поръсете чесъна с щипка сол и намачкайте със страната на голям, тежък готварски нож, докато се получи фина паста.

2. В голяма купа хвърлете агнешкото с чеснова паста, олио, билки и сол и черен пипер на вкус. Покрийте и мариновайте на стайна температура за 1 час или в хладилника за няколко часа или за една нощ.

3. Поставете скара за барбекю или скара на около 5 инча от източника на топлина. Загрейте предварително грил или барбекю.

4. Нанижете месото на шишчетата. Поставете парчетата заедно, без да ги струпвате. Печете агнешкото на скара или грил за 3 минути или докато покафенее. Обърнете месото с щипки и гответе още 2 до 3 минути или докато покафенее отвън, но все още розово в центъра. Сервирайте горещ.

Агнешка яхния с розмарин, мента и бяло вино

Аниело в Умидо

Прави 4 порции

Агнешката плешка е идеална за задушаване. Месото има достатъчно влага, за да издържи на дълго, бавно готвене и макар да е жилаво, недостатъчно сготвено, то е крехко като вилица в яхния. Ако има само агнешка плешка с кост, тя може да се адаптира към рецепти за яхния. Оставете допълнителен килограм или два месо с кост, в зависимост от това колко е кокал. Гответе агнешко с кост около 30 минути по-дълго от това с кост или докато месото падне от костите.

2 1/2 фунта обезкостена агнешка плешка, нарязана на 2-инчови парчета

1 1/4 чаша зехтин

Сол и прясно смлян черен пипер на вкус.

1 голяма глава лук нарязана

4 скилидки чесън, смлени

2 супени лъжици нарязан пресен розмарин

2 супени лъжици наситнен пресен магданоз

1 супена лъжица нарязана прясна мента

1/2 чаша сухо бяло вино

Около 1/2 чаша телешки бульон (Месен бульон) или вода

2 супени лъжици доматено пюре

1. В голяма холандска фурна или друга дълбока, тежка тенджера с плътно прилягащ капак, загрейте маслото на среден огън. Подсушете агнешкото с хартиени кърпи. Поставете толкова парчета агнешко в тенджерата, колкото се побират удобно в един слой. Гответе, като разбърквате често, докато покафенее от всички страни, около 20 минути. Прехвърлете запеченото агнешко в чиния. Поръсете със сол и черен пипер. По същия начин сварете и останалото агнешко.

2. Когато цялото месо се запече, отстранете излишната мазнина с лъжица. Добавете лука, чесъна и билките и разбъркайте добре. Гответе, докато лукът повяхне, около 5 минути.

3. Добавете виното и оставете да къкри, като изгребвате и смесвате всички запечени парчета на дъното на тенджерата. Гответе 1 минута.

4. Добавете бульона и доматеното пюре. Намалете топлината до минимум. Покрийте и гответе 1 час, като разбърквате от време на време или докато агнешкото омекне. Добавете малко вода, ако сосът стане твърде сух. Сервирайте горещ.

Агнешка яхния от Умбрия с пюре от нахут

Аниело дел Коле

Прави 6 порции

Полента и картофено пюре са чести гарнитури към яхнии в Италия, така че бях изненадан, когато тази яхния беше сервирана с хумус в Умбрия. Консервираният нахут работи добре или можете да сготвите сушен нахут предварително.

2 супени лъжици зехтин

3 фунта обезкостена агнешка плешка, нарязана на 2-инчови парчета

Сол и прясно смлян черен пипер

2 скилидки чесън нарязани на ситно

1 чаша сухо бяло вино

1 1/2 чаши нарязани пресни или консервирани домати

1 пакет (10 унции) бели гъби, нарязани

2 (16-унции) консерви нахут или 5 чаши варен нахут

Екстра върджин зехтин

1. В голяма холандска фурна или друга дълбока, тежка тенджера с плътно прилягащ капак, загрейте маслото на среден огън. Поставете достатъчно парчета агнешко в тенджерата, за да се поберат удобно в един слой. Гответе, като разбърквате от време на време, докато покафенее от всички страни, около 20 минути. Прехвърлете запеченото агнешко в чиния. Поръсете със сол и черен пипер. По същия начин сварете и останалото агнешко.

2. Когато цялото месо се запече, изсипете излишната мазнина от тигана. Разпределете чесъна в тигана и гответе 1 минута. Добавете виното. С помощта на дървена лъжица изгребете и разбъркайте всички запечени парчета на дъното на тигана. Оставете да заври и гответе 1 минута.

3. Върнете агнешкото в тенджерата. Добавете доматите и гъбитс и оставете да къкри. Намалете топлината до минимум. Покрийте и гответе, като разбърквате от време на време, 1 1/2 часа или докато агнешкото омекне и сосът се редуцира. Ако има твърде много течност, махнете капака през последните 15 минути.

4. Точно преди сервиране загрейте нахута и течността му в средно голяма тенджера. След това прехвърлете в кухненски робот, за да пасирате или пасирате с преса за картофи. Добавете малко екстра върджин зехтин и черен пипер на вкус. Загрейте отново, ако е необходимо.

5. За сервиране сложете по няколко зърна нахут във всяка чиния. Заобиколете пюрето с агнешкото. Сервирайте горещ.

агнешко по ловец

Agnello alla Cacciatora

Прави 6 до 8 порции

Римляните правят тази агнешка яхния с абачио, агне толкова младо, че никога не е яло трева. Мисля, че вкусът на зрялото агнешко се съчетава най-добре с пикантния смлян розмарин, оцет, чесън и аншоа, които завършват соса.

4 килограма агнешка плешка с кост, нарязана на 2-инчови парчета

Сол и прясно смлян черен пипер

2 супени лъжици зехтин

4 скилидки чесън, смлени

4 пресни листа градински чай

2 (2-инча) стръка пресен розмарин

1 чаша сухо бяло вино

6 филета аншоа

1 чаена лъжичка ситно нарязани листа от пресен розмарин

2 до 3 супени лъжици винен оцет

1. Подсушете парчетата с хартиени кърпи. Поръсете ги със сол и черен пипер.

2. В голяма холандска фурна или друга дълбока, тежка тенджера с плътно прилягащ капак, загрейте маслото на среден огън. Добавете достатъчно агнешко, за да се побере удобно в един слой. Гответе, като разбърквате, така че да се запече добре от всички страни. Прехвърлете запеченото месо в чиния. Продължете с останалото агнешко.

3. Когато цялото агнешко се запече, отстранете с лъжица по-голямата част от мазнината от тигана. Добавете половината чесън, салвията и розмарина и разбъркайте. Добавете виното и гответе 1 минута, като изгребвате и разбърквате всички запечени парчета на дъното на тигана с дървена лъжица.

4. Върнете агнешките парчета в тигана. Намалете топлината до минимум. Покрийте и гответе, като разбърквате от време на време, за 2 часа или докато агнешкото омекне и падне от костите. Добавете малко вода, ако течността се изпарява твърде бързо.

5.За да направите пестото: Нарежете аншоата, розмарина и останалия чесън. Поставете ги в малка купа. Добавете достатъчно оцет, за да образувате паста.

6.Разбъркайте пестото в яхнията и оставете да къкри за 5 минути. Сервирайте горещ.

Яхния с агнешко, картофи и домати

Печка Agnello e Verdure

Прави 4 до 6 порции

Въпреки че обикновено използвам агнешка плешка за задушаване, понякога използвам дреболии, останали от джолана или джолана. Консистенцията на тези разфасовки е малко по-сдъвкана, но те изискват по-малко готвене и все още са добра яхния. Имайте предвид, че в тази южноиталианска рецепта месото се поставя в тенджерата наведнъж, така че само леко да покафенее, преди да се добавят другите съставки.

1 голяма глава лук нарязана

2 супени лъжици зехтин

2 паунда обезкостен или агнешки бут, нарязан на 1-инчови парчета

Сол и прясно смлян черен пипер на вкус.

1 1/2 чаша сухо бяло вино

3 чаши отцедени и нарязани консервирани домати

1 супена лъжица нарязан пресен розмарин

1 килограм восъчни варени картофи, нарязани на 1-инчови парчета

2 моркова, нарязани на филийки с дебелина 1/2 инча

1 чаша пресен или замразен грах, частично размразен

2 супени лъжици наситнен пресен магданоз

1. В голяма холандска фурна или друг дълбок, тежък съд с плътно прилягащ капак, гответе лука в зехтина на среден огън, докато омекне, около 5 минути. Добавете агнешкото. Гответе, като разбърквате често, докато парчетата покафенеят леко. Поръсете със сол и черен пипер. Добавете виното и оставете да заври.

2. Добавете доматите и розмарина. Намалете топлината до минимум. Покрийте и гответе 30 минути.

3. Добавете картофите, морковите и сол и черен пипер на вкус. Оставете да къкри още 30 минути, като разбърквате от време на време, докато агнешкото и картофите омекнат. Добавете граха и гответе още 10 минути. Поръсете с магданоз и сервирайте веднага.

Яхния от агнешко и чушки

Spezzato d'Agnello с пепероне

Прави 4 порции

Топлината и сладостта на чушките и богатството на агнешкото ги правят две идеално подходящи храни една за друга. В тази рецепта, след като месото се запече, няма какво да направите, освен да го разбърквате от време на време.

1/4 чаша зехтин

2 фунта обезкостена агнешка плешка, нарязана на 1 1/2-инчови парчета

Сол и прясно смлян черен пипер на вкус.

1/2 чаша сухо бяло вино

2 средни глави лук, нарязани

1 голяма червена чушка

1 голяма зелена чушка

6 домата със слива, обелени, почистени от семките и нарязани

1. В голяма тенджера или холандска фурна загрейте маслото на среден огън. Подсушете агнешкото. Добавете достатъчно агнешко в тигана, за да се побере удобно в един слой. Гответе, като разбърквате, докато покафенеят от всички страни, около 20 минути. Прехвърлете запеченото агнешко в чиния. Продължете да готвите и останалото агнешко по същия начин. Поръсете цялото месо със сол и черен пипер.

2. Когато цялото месо се запече, отстранете излишната мазнина с лъжица. Добавете виното в тенджерата и разбъркайте добре, като изстържете всички покафенели парчета. Оставете да къкри.

3. Върнете агнешкото в тенджерата. Добавете лука, чушките и доматите. Намалете топлината до минимум. Покрийте тенджерата и гответе 1 час и половина или докато месото омекне много. Сервирайте горещ.

Агнешка запеканка с яйца

Agnello Cacio e Uova

Прави 6 порции

Тъй като яйцата и агнешкото се свързват с пролетта, естествено е да ги комбинирате в рецепти. Популярни по един или друг начин в Централна и Южна Италия, яйцата и сиренето образуват лека кремообразна заливка за агнешка яхния в това ястие. Това е типична великденска рецепта, така че ако искате да я приготвите за празничната трапеза, прехвърлете сготвената яхния в красив гювеч, за да се изпече и сервирайте, преди да добавите заливката. Комбинацията от агнешко бутче и месо от плешка му придава по-интересна текстура.

2 супени лъжици зехтин

2 средни глави лук

3 фунта обезкостен агнешки бут и плешка, подрязани и нарязани на 2-инчови парчета

Сол и прясно смлян черен пипер на вкус.

1 супена лъжица ситно нарязан розмарин

1 1/2 чаши домашно Месен бульон или Пилешка супа, или купен от магазина пилешки или телешки бульон

2 чаши пресен обелен грах или 1 пакет (10 унции) замразен грах, частично размразен

3 големи яйца

1 супена лъжица наситнен пресен магданоз

1 1/2 чаша прясно настъргано Пекорино Романо

1. Поставете решетка в центъра на фурната. Загрейте фурната до 425 ° F. В холандска фурна или друга дълбока, тежка тенджера с плътно прилягащ капак, загрейте маслото на среден огън. Добавете лука и агнешкото. Гответе, като разбърквате от време на време, докато агнешкото покафенее леко от всички страни, около 20 минути. Поръсете със сол и черен пипер.

2. Добавете розмарина и бульона. Разбъркайте добре. Покрийте и печете, като разбърквате от време на време, 60 минути или докато месото омекне. Добавете малко топла вода, ако е необходимо, за да не изсъхне агнешкото. Добавете граха и гответе още 5 минути.

3. В средна купа разбийте яйцата, магданоза, сиренето и сол и черен пипер на вкус, докато се смесят добре. Изсипете сместа равномерно върху агнешкото.

4. Печете непокрито за 5 минути или докато яйцата се стегнат. Сервирайте веднага.

Агнешко или яре с картофи по сицилиански

Капрето или Анело ал Форно

Прави 4 до 6 порции

Baglio Elena, близо до Трапани в Сицилия, е работеща ферма, която произвежда маслини, зехтин и други храни. Освен това е хан, където посетителите могат да спрат да хапнат в очарователна селска трапезария или да останат за почивка. Когато посетих, ми сервираха вечеря със сицилиански специалитети, включващи няколко вида маслини, приготвени по различни начини, отличен салам, приготвен на място, разнообразие от зеленчуци и тази проста яхния. Месото и картофите се приготвят в никаква течност, освен в малко количество вино и соковете от месото и зеленчуците, създавайки симфония от вкусове.

Kid се предлага в много етнически месарници, включително тези в Хаити, Близкия изток и Италия. Толкова е подобно на агнешкото, че може да е трудно да се направи разлика.

3 паунда яре с кост (яре) или агнешка плешка, нарязани на 2-инчови парчета

2 супени лъжици зехтин

Сол и прясно смлян черен пипер

2 глави лук, нарязани на ситно

1 1/2 чаша сухо бяло вино

¼ чаена лъжичка смлян карамфил

2 (2-инча) стръка розмарин

1 дафинов лист

4 средни универсални картофа, нарязани на 1-инчови парчета

2 чаши чери домати, нарязани наполовина

2 супени лъжици наситнен пресен магданоз

1. Поставете решетка в центъра на фурната. Загрейте фурната до 350 ° F. В голяма холандска фурна или друга дълбока, тежка тенджера с плътно прилягащ капак, загрейте маслото на среден огън. Подсушете агнешкото с хартиени кърпи. Добавете достатъчно месо, за да се побере удобно в тенджерата, без да се натрупва. Гответе, като обръщате парчетата с щипки, до златисто кафяво от всички страни, около 15 минути. Прехвърлете парчетата в чиния. Продължете да готвите останалото месо по същия начин. Поръсете със сол и черен пипер.

2. Когато цялото месо се запече, отстранете по-голямата част от мазнината от тигана. Добавете лука и гответе, като разбърквате от време на време, докато лукът повяхне, около 5 минути.

3. Върнете месото в тенджерата. Добавете виното и оставете да заври. Гответе 1 минута, като разбърквате с дървена лъжица. Добавете карамфила, розмарина, дафиновия лист и сол и черен пипер на вкус. Покрийте съда и прехвърлете във фурната. Гответе 45 минути.

4. Добавете картофите и доматите. Покрийте и гответе още 45 минути или докато месото и картофите омекнат, когато се надупчат с вилица. Поръсете с магданоз и сервирайте горещо.

Гювеч от агнешко и картофи по апулски

Тиела ди Аниело

Прави 6 порции

Яхнии на пластове, изпечени на фурна, са специалитет на Пула. Могат да се приготвят с месо, риба или зеленчуци, като се редуват с картофи, ориз или галета. Тиела е името, дадено както на този метод на готвене, така и на вида на съда, в който се готви гювечът. Класическата тиела е кръгла дълбока чиния, изработена от теракота, въпреки че днес често се използват метални тигани.

Методът на готвене е най-необичаен. Нито една от съставките не е запечена или предварително сготвена. Всичко се нарежда на пластове и се пече до омекване. Месото ще бъде добре изпечено, но все още влажно и вкусно, защото парчетата са заобиколени от картофите. Долният слой картофи се топи мек и нежен и е пълен с месо и доматен сок, докато горният слой излиза хрупкав като пържени картофи, макар и много по-вкусен.

За месото използвайте добре подрязани парчета агнешко бутче. Купувам половин агнешко бутче пеперуда от магазина за хранителни стоки, след което го нарязвам у дома на парчета от 2 до 3 инча, като отрязвам мазнината. Идеален е за тази рецепта.

4 супени лъжици зехтин

2 килограма картофи за печене, обелени и нарязани на тънко

½ чаша сухи галета

½ чаша прясно настърган Pecorino Romano или Parmigiano-Reggiano

1 скилидка чесън наситнена

1 1/2 чаша нарязан пресен магданоз

1 супена лъжица нарязан пресен розмарин или 1 чаена лъжичка сушен

1 1/2 чаена лъжичка сух риган

Сол и прясно смлян черен пипер

2 1/2 фунта обезкостено агнешко, подрязано и нарязано на 2- до 3-инчови парчета

1 чаша домати от консерва, отцедени, нарязани

1 чаша сухо бяло вино

¹1/2 чаша вода

1. Поставете решетка в центъра на фурната. Загрейте фурната до 400 ° F. Намажете 2 супени лъжици масло в 13 × 9 × 2-инчов съд за печене. Подсушете картофите и разпределете около половината от тях, като леко се застъпват, на дъното на тавата.

2. В средна купа смесете заедно галетата, сиренето, чесъна, билките и сол и черен пипер на вкус. Разпределете половината от трохите смес върху картофите. Поставете месото върху трохите. Овкусете месото със сол и черен пипер. Разпределете доматите върху месото. Отгоре наредете останалите картофи. Налейте виното и водата. Върху всичко се разпределя останалата смес от трохите. Полейте с останалите 2 супени лъжици зехтин.

3. Печете 11/2 до 13/4 часа или докато месото и картофите омекнат, когато се надупчат с вилица и отвсякъде станат златистокафяви. Сервирайте горещ.

Агнешко бутче с нахут

Стинко ди Аниело с Чеси

Прави 4 порции

Мангото се нуждае от дълго, бавно готвене, но когато е готово, месото е влажно и почти се топи в устата ви. Ако купувате агнешки бутчета в супермаркета, месото може да се нуждае от допълнително подрязване. С помощта на малък нож за обезкостяване отрежете колкото е възможно повече мазнина, но оставете непокътнат тънкият, перлено изглеждащ слой месо, известен като сребърна кожа. Помага на месото да запази формата си, докато се готви. Използвам бутчета за редица рецепти, които италианците биха направили с най-малкия си агнешки бут.

2 супени лъжици зехтин

4 малки агнешки бутчета, добре подрязани

Сол и прясно смлян черен пипер

1 малка глава лук наситнена

2 чаши телешки бульон (Месен бульон)

1 чаша обелени, почистени от семена и нарязани домати

1/2 чаена лъжичка сушена майорана или мащерка

4 моркова, обелени и нарязани на 1-инчови парчета

2 ребра от целина, нарязани на 1-инчови парчета

3 чаши или 2 (16-унции) кутии сварен нахут, отцеден

1. В холандска фурна, достатъчно голяма, за да побере джоланите на един слой, или друга дълбока, тежка тенджера с плътно прилягащ капак, загрейте олиото на среден огън. Подсушете агнешките бутчета и ги запечете добре от всички страни за около 15 минути. Наклонете тигана и отстранете излишната мазнина с лъжица. Поръсете със сол и черен пипер. Добавете лука и гответе още 5 минути.

2. Добавете бульона, доматите и майораната и оставете да къкри. Намалете топлината до минимум. Покрийте и гответе 1 час, като от време на време обръщате бутчетата.

3. Добавете морковите, целината и нахута. Гответе още 30 минути или докато месото омекне при пробождане с малък нож. Сервирайте горещ.

www.ingramcontent.com/pod-product-compliance
Lightning Source LLC
Chambersburg PA
CBHW071422080526
44587CB00014B/1716